गुलामगीरी

जोतीराव गोविंदराव फुले

प्रस्तावना

(अछूत) अतिशूद्र-सैकड़ों साल से आज तक शूद्रादि
जब से इस देश में ब्राह्मणों की सत्ता कायम हुई तब, समाज
से लगातार जुल्म और शोषण से शिकार हैं। ये लोग हर तरह
की यातनाओं और कठिनाइयों में अपने दिन गुजार रहे हैं।
इसलिए इन लोगों को इन बातों की ओर ध्यान देना चाहिए
और गंभीरता से सोचना चाहिए। ये लोग अपने आपको
ज्यादतियों से कैसे मुक्त कर -पुरोहितों की जुल्म-पंडा-ब्राह्मण
यही आज हमारे लिए सबसे महत्वपूर्ण सवाल हैं। ,सकते हैं
इस देश में यही इस ग्रंथ का उद्देश्य है। यह कहा जाता है कि
पुरोहितों की सत्ता कायम हुए लगभग तीन हजार -ब्राह्मण
साल से भी ज्यादा समय बीत गया होगा। वे लोग परदेश से
यहाँ आए। उन्होंने इस देश के मूल निवासियों पर बर्बर हमले
जायदाद से -जमीन ,बार से-करके इन लोगों को अपने घर
न्होंने इनके बना लिया। उ (दास) वंचित करके अपना गुलाम
साथ बड़ी अमावनीयता का रवैया अपनाया था। सैकड़ों साल
बीत जाने के बाद भी इन लोगों में बीती घटनाओं की
विस्मृतियाँ ताजी होती देख कर कि ब्राह्मणों ने यहाँ के मूल
जायदाद से बेदखल कर इन्हें -जमीन ,बार-निवासियों को घर
-पंडा-को ब्राह्मण इस बात के प्रमाणों ,अपना गुलाम बनाया है
नहस कर दिया। दफना कर नष्ट कर दिया।-पुरोहितों ने तहस

उन ब्राह्मणों ने अपना प्रभाव, अपना वर्चस्व इन
लोगों के दिलो-दिमाग पर कायम रखने के लिए, ताकि उनकी
स्वार्थपूर्ति होती रहे, कई तरह के हथकंडे अपनाए और वे भी

इसमें कामयाब भी होते रहे। चूँकि उस समय ये लोग सत्ता की दृष्टि से पहले ही पराधीन हुए थे और बाद में ब्राह्मण-पंडा-पुरोहितों ने उन्हें ज्ञानहीन-बुद्धिहीन बना दिया था, जिसका परिणाम यह हुआ कि ब्राह्मण-पंडा-पुरोहितों के दाँव-पेंच, उनकी जालसाजी इनमें से किसी के भी ध्यान में नहीं आ सकी। ब्राह्मण-पुरोहितों ने इन पर अपना वर्चस्व कायम करने के लिए, इन्हें हमेशा-हमेशा लिए अपना गुलाम बना कर रखने के लिए, केवल अपने निजी हितों को ही मद्देनजर रख कर, एक से अधिक बनावटी ग्रंथो की रचना करके कामयाबी हासिल की। उन नकली ग्रंथो में उन्होंने यह दिखाने की पूरी कोशिश की कि, उन्हें जो विशेष अधिकार प्राप्त हैं, वे सब ईश्वर द्वारा प्रदत्त हैं। इस तरह का झूठा प्रचार उस समय के अनपढ़ लोगों में किया गया और उस समय के शूद्रादि-अतिशूद्रों में मानसिक गुलामी के बीज बोए गए। उन ग्रंथो में यह भी लिखा गया कि शूद्रों को (ब्रह्म द्वारा) पैदा करने का उद्देश्य बस इतना ही था कि शूद्रों को हमेशा-हमेशा के लिए ब्राह्मण-पुरोहितों की सेवा करने में ही लगे रहना चाहिए और ब्राह्मण-पुरोहितों की मर्जी के खिलाफ कुछ भी नहीं करना चाहिए। मतलब, तभी इन्हें ईश्वर प्राप्त होंगे और इनका जीवन सार्थक होगा।

लेकिन अब इन ग्रंथो के बारे में कोई मामूली ढंग से भी सोचे कि, यह बात कहाँ तक सही है, क्या वे सचमुच ईश्वर द्वारा प्रदत्त हैं, तो उन्हें इसकी सच्चाई तुरंत समझ में आ जाएगी। लेकिन इस प्रकार के ग्रंथो से सर्वशक्तिमान, सृष्टि का निर्माता जो परमेश्वर है, उसकी समानत्ववादी दृष्टि

को बड़ा गौणत्व प्राप्त हो गया है। इस तरह के हमारे जो ब्राह्मण-पंडा-पुरोहित वर्ग के भाई हैं, जिन्हें भाई कहने में भी शर्म आती है, क्योंकि उन्होंने किसी समय शूद्रादि-अतिशूद्रों को पूरी तरह से तबाह कर दिया था और वे ही लोग अब भी धर्म के नाम पर, धर्म की मदद से इनको चूस रहे हैं। एक भाई द्वारा दूसरे भाई पर जुल्म करना, यह भाई का धर्म नहीं है। फिर भी हमें, हम सभी को उत्पन्नकर्ता के रिश्ते से, उन्हें भाई कहना पड़ रहा है। वे भी खुले रूप से यह कहना छोड़ेंगे नहीं, फिर भी उन्हें केवल अपने स्वार्थ का ही ध्यान न रखते हुए न्यायबुद्धि से भी सोचना चाहिए। यदि ऐसा नहीं करेंगे। तो उन ग्रंथो को देख कर-पढ़ कर बुद्धिमान अंग्रेज, फ्रेंच, जर्मन, अमेरिकी और अन्य बुद्धिमान लोग अपना यह मत दिए बिना नहीं रहेंगे कि उन ग्रंथो को (ब्राह्मणों ने) केवल अपने मतलब के लिए लिख रखा है। उन ग्रंथो को में हर तरह से ब्राह्मण-पुरोहितों का महत्व बताया गया है। ब्राह्मण-पुरोहितों का शूद्रादि-अतिशूद्रों के दिलो-दिमाग पर हमेशा-हमेशा के लिए वर्चस्व बना रहे इसलिए उन्हें ईश्वर से भी श्रेष्ठ समझा गया है। ऊपर जिनका नाम निर्देश किया गया है, उनमें से कई अंग्रेज लोगों ने इतिहासादि ग्रंथो में कई जगह यह लिख रखा है कि ब्राह्मण-पंडा-पुरोहितों ने अपने निजी स्वार्थ के लिए अन्य लोगों को यानी शूद्रादि-अतिशूद्रों को अपना गुलाम बना लिया है। उन ग्रंथो द्वारा ब्राह्मण-पुरोहितों ने ईश्वर के वैभव को कितनी निम्न स्थिति में ला रखा है, यह सही में बड़ा शोचनीय है। जिस ईश्वर ने शूद्रादि-अतिशूद्रों को और अन्य लोगों को अपने द्वारा निर्मित इस सृष्टि की सभी वस्तुओं को

समान रूप से उपभोग करने की पूरी आजादी दी है, उस ईश्वर के नाम पर ब्राह्मण-पंडा-पुरोहितों एकदम झूठमूठ ग्रंथो की रचना करके, उन ग्रंथो में सभी के (मानवी) हक को नकारते हुए स्वयं मालिक हो गए।

इस बात पर हमारे कुछ ब्राह्मण भाई इस तरह प्रश्न उठा सकते हैं कि यदि ये तमाम ग्रंथ झूठ-मूठ के हैं, तो उन ग्रंथों पर शूद्रादि-अतिशूद्रों के पूर्वजों ने क्यों आस्था रखी थी? और आज इनमें से बहुत सारे लोग क्यों आस्था रखे हुए हैं? इसका जवाब यह है कि आज के इस प्रगति काल में कोई किसी पर जुल्म नहीं कर सकता। मतलब, अपनी बात को लाद नहीं सकता। आज सभी को अपने मन की बात, अपने अनुभव की बात स्पष्ट रूप से लिखने या बोलने की छूट है।

कोई धूर्त आदमी किसी बड़े व्यक्ति के नाम से झूठा पत्र लिख कर लाए तो कुछ समय के लिए उस पर भरोसा करना ही पड़ता है। बाद में समय के अनुसार वह झूठ उजागर हो ही जाता है। इसी तरह, शूद्रादि-अतिशूद्रों का, किसी समय ब्राह्मण-पंडा-पुरोहितों के जुल्म और ज्यादतियों के शिकार होने की वजह से, अनपढ़ गँवार बना कर रखने की वजह से, पतन हुआ है। ब्राह्मणों ने अपने स्वार्थ के लिए समर्थ (रामदास)[2] के नाम पर झूठे-पांखडी ग्रंथों की रचना करके शूद्रादि-अतिशूद्रों को गुमराह किया और आज भी इनमें से कई लोगों को ब्राह्मण-पुरोहित लोग गुमराह कर रहे हैं यह स्पष्ट रूप से उक्त कथन की पुष्टि करता है।

ब्राह्मण-पंडा-पुरोहित लोग अपना पेट पालने के लिए, अपने पाखंडी ग्रंथो द्वारा, जगह-जगह बार-बार अज्ञानी शूद्रों को उपदेश देते रहे, जिसकी वजह से उनके दिलों-दिमाग में ब्राह्मणों के प्रति पूज्यबुद्धि उत्पन्न होती रही। इन लोगों को उन्होंने (ब्राह्मणों ने) इनके मन में ईश्वर के प्रति जो भावना है, वही भावना अपने को (ब्राह्मणों को) समर्पित करने के लिए मजबूर किया। यह कोई साधारण या मामूली अन्याय नहीं है। इसके लिए उन्हें ईश्वर के जवाब देना होगा। ब्राह्मणों के उपदेशों का प्रभाव अधिकांश अज्ञानी शूद्र लोगों के दिलो-दिमाग पर इस तरह से जड़ जमाए हुए है कि अमेरिका के (काले) गुलामों की तरह जिन दुष्ट लोगों ने हमें गुलाम बना कर रखा है, उनसे लड़ कर मुक्त (आजाद) होने की बजाए जो हमें आजादी दे रहे हैं, उन लोगों के विरुद्ध फिजूल कमर कस कर लड़ने के लिए तैयार हुए हैं। यह भी एक बड़े आश्चर्य की बात है कि हम लोगों पर जो कोई उपकार कर रहे हैं, उनसे कहना कि हम पर उपकार मत करो, फिलहाल हम जिस स्थिति में हैं वही स्थिति ठीक है, यही कह कर हम शांत नहीं होते बल्कि उनसे झगड़ने के लिए भी तैयार रहते हैं, यह गलत है। वास्तव में हमको गुलामी से मुक्त करनेवाले जो लोग हैं, उनको हमें आजाद कराने से कुछ हित होता है, ऐसा भी नहीं है, बल्कि उन्हें अपने ही लोगों में से सैकड़ों लोगों की बलि चढ़ानी पड़ती है। उन्हें बड़ी-बड़ी जोखिमें उठा कर अपनी जान पर भी खतरा झेलना पड़ता है।

अब उनका इस तरह से दूसरों के हितों का रक्षण करने के लिए अगुवाई करने का उद्देश्य क्या होना चाहिए,

यदि इस संबंध में हमने गहराई से सोचा तो हमारी समझ में आएगा कि हर[i]

मनुष्य को आजाद होना चाहिए, यही उसकी बुनियादी जरूरत है। जब व्यक्ति आजाद होता है तब उसे अपने मन के भावों और विचारों को स्पष्ट रूप से दूसरों के सामने प्रकट करने का मौका मिलता है। लेकिन जब से आजादी नहीं होती तब वह वही महत्वपूर्ण विचार, जनहित में होने के बावजूद दूसरों के सामने प्रकट नहीं कर पाता और समय गुजर जाने के बाद वे सभी लुप्त हो जाते हैं। आजाद होने से मनुष्य अपने सभी मानवी अधिकार प्राप्त कर लेता है और असीम आनंद का अनुभव करता है। सभी मनुष्यों को मनुष्य होने के जो सामान्य अधिकार, इस सृष्टि के नियंत्रक और सर्वसाक्षी परमेश्वर द्वारा दिए गए हैं, उन तमाम मानवी अधिकारों को ब्राह्मण-पंडा-पुरोहित वर्ग ने दबोच कर रखा है। अब ऐसे लोगों से अपने मानवी अधिकार छीन कर लेने में कोई कसर बाकी नहीं रखनी चाहिए। उनके हक उन्हें मिल जाने से उन अंग्रेजों को खुशी होती है। सभी को आजादी दे कर, उन्हें जुल्मी लोगों के जुल्म से मुक्त करके सुखी बनाना, यही उनका इस तरह से खतरा मोल लेने का उद्देश्य है। वाह! वाह! यह कितना बड़ा जनहित का कार्य है!

उनका इतना अच्छा उद्देश्य होने की वजह से ही ईश्वर उन्हें, वे जहाँ गए, वहाँ ज्यादा से ज्यादा कामयाबी देता रहा है। और अब आगे भी उन्हें इस तरह के अच्छे कामों में

उनके प्रयास सफल होते रहे, उन्हें कामयाबी मिलती रहे, यही हम भगवान से प्रार्थना करते हैं।

दक्षिण अमेरिका और अफ्रीका जैसे पृथ्वी के इन दो बड़े हिस्सो में सैकड़ो साल से अन्य देशों से लोगों को पकड़-पकड़ कर यहाँ उन्हें गुलाम बनाया जाता था। यह दासों को खरीदने-बेचने की प्रथा यूरोप और तमाम प्रगतिशील कहलाने वाले राष्ट्रों के लिए बड़ी लज्जा की बात थी। उस कलंक को दूर करने के लिए अंग्रेज, अमेरिकी आदि उदार लोगों ने बड़ी-बड़ी लड़ाइयाँ लड़ कर अपने नुकसान की बात तो दरकिनार, उन्होंने अपनी जान की परवाह नहीं की और गुलामों की मुक्ति के लिए लड़ते रहे। यह गुलामी प्रथा कई सालों से चली आ रही थी। इस अमानवीय गुलामी प्रथा को समूल नष्ट कर देने के लिए असंख्य गुलामों को उनके परमप्रिय माता-पिता से, भाई-बहनों से, बीवी-बच्चों से, दोस्त-मित्रों से जुदा कर देने की वजह से जो यातनाएँ सहनी पड़ीं, उससे उन्हें मुक्त करने के लिए उन्होंने संघर्ष किया। उन्होंने जो गुलाम एक दूसरे से जुदा कर दिए गए थे, उन्हें एक-दूसरे के साथ मिला दिया। वाह! अमेरिका आदि सदाचारी लोगों ने कितना अच्छा काम किया है! यदि आज उन्हें इन गरीब अनाथ गुलामों की बदतर स्थिति देख कर दया न आई होती तो ये गरीब बेचारे अपने प्रियजनों से मिलने की इच्छा मन-ही-मन में रख कर मर गए होते।

दूसरी बात, उन गुलामों को पकड़ कर लानेवाले दुष्ट लोग उन्हें क्या अच्छी तरह रखते भी या नहीं? नहीं,

नहीं! उन गुलामों पर वे लोग जिस प्रकार से जुल्म ढाते थे, उन जुल्मों, की कहानी सुनते ही पत्थरदिल आदमी की आँखे भी रोने लगेंगी। वे लोग उन गुलामों को जानवर समझ कर उनसे हमेशा लात-जूतों से काम लेते थे। वे लोग उन्हें कभी-कभी लहलहाती धूप में हल जुतवा कर उनसे अपनी जमीन जोत-बो लेते थे और इस काम में यदि उन्होंने थोड़ी सी भी आनाकानी की तो उनके बदन पर बैलों की तरह छाँटे से घाव उतार देते थे। इतना होने पर भी क्या वे उनके खान-पान की अच्छी व्यवस्था करते होंगे? इस बारे में तो कहना ही क्या! उन्हें केवल एक समय का खाना मिलता था। दूसरे समय कुछ भी नहीं। उन्हें जो भी खाना मिलता था, वह भी बहुत ही थोड़ा-सा। इसकी वजह से उन्हें हमेशा आधे भूखे पेट ही रहना पड़ता था। लेकिन उनसे छाती चूर-चूर होने तक, मुँह से खून फेंकने तक दिन भर काम करवाया जाता था और रात को उन्हें जानवरों के कोठे में या इस तरह की गंदी जगहों में सोने के लिए छोड़ दिया जाता था, जहाँ थक कर आने के बाद वे गरीब बेचारे उस पथरीली जमीन पर मुर्दों की तरह सो जाते थे। लेकिन आँखों में पर्याप्त नींद कहाँ से होगी? बेचारों को आखिर नींद आएगी भी कहाँ से? इसमें पहली बात तो यह थी के पता नहीं मालिक को किस समय उनकी गरज पड़ जाए और उसका बुलावा आ जाए, इस बात का उनको जबरदस्त डर लगा रहता था। दूसरी बात तो यह थी कि पेट में पर्याप्त मात्रा में भोजन नहीं होने की वजह से जी घबराता था और टाँग लड़खड़ाने लगती थी। तीसरी बात यह थी कइ दिन-भर-बदन पर छाँटे के वार बरसते रहने से सारा बदन लहूलुहान हो

जाता और उसकी यातनाएँ इतनी जबर्दस्त होती थीं कि पानी में मछली की तरह रात-भर तड़फड़ाते हुए इस करवट पर होना पड़ता था। चौथी बात यह थी कि अपने लोग पास न होने की वजह से उस बात का दर्द तो और भी भयंकर था। इस तरह बातें मन में आने से यातनाओं के ढेर खड़े हो जाते थे और आँखे रोने लगती थीं। वे बेचारे भगवान से दुआ माँगते थे कि 'हे भगवान! अब भी तुझको हम पर दया नहीं आती! तू अब हम पर रहम कर। अब हम इन यातनाओं को बर्दाश्त करने के भी काबिल नहीं रहे हैं। अब हमारी जान भी निकल जाए तो अच्छा ही होगा।' इस तरह की यातनाएँ सहते-सहते, इस तरह से सोचते-सोचते ही सारी रात गुजर जाती थी। उन लोगों को जिस-जिस प्रकार की पीड़ाओं को, यातनाओं को सहना पड़ा, उनको यदि एक-एक करके कहा जाए तो भाषा और साहित्य के शोक-रस के शब्द भी फीके पड़ जाएँगे, इसमें कोई संदेह नहीं। तात्पर्य, अमेरिकी लोगों ने आज सैकड़ों साल से चली आ रही इस गुलामी की अमानवीय परंपरा को समाप्त करके गरीब लोगों को उन चंड लोगों के जुल्म से मुक्त करके उन्हें पूरी तरह से सुख की जिंदगी बख्शी है। इन बातों को जान कर शूद्रादि- अतिशूद्रों को अन्य लोगों की तुलना में बहुत ही ज्यादा खुशी होगी, क्योंकि गुलामी की अवस्था में गुलाम लोगों को, गुलाम जातियों को कितनी यातनाएँ बर्दाश्त करनी पड़ती हैं, इसे स्वयं अनुभव किए बिना अंदाज करना नामुमकिन है। जो सहता है, वही जानता है

अब उन गुलामों में और इन गुलामों में फर्क इतना ही होगा कि पहले प्रकार के गुलामों को ब्राह्मण-

पुरोहितों ने अपने बर्बर हमलों से पराजित करके गुलाम बनाया था और दूसरे प्रकार के गुलामों को दुष्ट लोगों ने एकाएक जुल्म करके गुलाम बनाया था। शेष बातों में उनकी स्थिति समान है। इनकी स्थिति और गुलामों की स्थिति में बहुत फर्क नहीं है। उन्होंने जिस-जिस प्रकार की मुसीबतों को बर्दाश्त किया है; वे सभी मुसीबतें ब्राह्मण-पंडा-पुरोहितों द्वारा ढाए जुल्मों से कम हैं। यदि यह कहा जाए कि उन लोगों से भी ज्यादा ज्यादतियाँ इन शूद्रादि-अतिशूद्रों को बर्दाश्त करनी पड़ी हैं, तो इसमें किसी तरह का संदेह नहीं होना चाहिए। इन लोगों को जो जुल्म सहना पड़ा, उसकी एक-एक दास्तान सुनते ही किसी भी पत्थरदिल आदमी को ही नहीं बल्कि साक्षात पत्थर भी पिघल कर उसमें से पीड़ाओं के आँसुओं की बाढ़ निकल पड़ेगी और उस बाढ़ से धरती पर इतना बहाव होगा कि जिन पूर्वजों ने शूद्रादि-अतिशूद्रों को गुलाम बनाया, उनके आज के वंशज जो ब्राह्मण, पुरोहित भाई हैं उनमें से जो अपने पूर्वजों की तरह पत्थरदिल नहीं, बल्कि जो अपने अंदर के मनुष्यत्व को जाग्रत रख कर सोचते हैं, उन लोगों को यह जरूर महसूस होगा कि यह एक जलप्रलय ही है। हमारी दयालु अंग्रेज सरकार को, शूद्रादि-अतिशूद्रों ने ब्राह्मण-पंडा-पुरोहितों से किस-किस प्रकार का जुल्म सहा है और आज भी सह रहे हैं, इसके बारे में कुछ भी मालूमात नहीं है। वे लोग यदि इस संबंध में पूछताछ करके कुछ जानकारी हासिल करने की कोशिश करेंगे तो उन्हें यह समझ में आ जाएगा कि उन्होंने हिंदुस्थान का जो भी इतिहास लिखा है उसमें एक बहुत बड़े, बहुत भयंकर और बहुत ही महत्वपूर्ण हिस्से को नजरअंदाज

किया है। उन लोगों को एक बार भी शूद्रादि-अतिशूद्रों के दुख-दर्दों की जानकारी मिल जाए तो सच्चाई समझ में आ जाएगी और उन्हें बड़ी पीड़ा होगी। उन्हें अपने (धर्म) ग्रंथों में, भयंकर बुरी अवस्था में पहुचाए गए और चंड लोगों द्वारा सताए हुए जिनकी पीड़ाओं की कोई सीमा ही नहीं है, ऐसे लोगों की दुरावस्था को उपमा देना हो तो शूद्रादि-अतिशूद्रों की स्थिति की ही उपमा उचित होगी, ऐसा मुझे लगता है। इससे कवि को बहुत विषाद होगा। कुछ को अच्छा भी लगेगा कि आज तक कविताओं में शोक रस की पूरी तसवीर श्रोताओं के मन में स्थापित करने के लिए कल्पना की ऊँची उड़ानें भरनी पड़ती थीं, लेकिन अब उन्हें इस तरह की काल्पनिक दिमागी कसरत करने की जरूरत नहीं पड़ेगी, क्योंकि अब उन्हें यह स्वयंभोगियों का जिंदा इतिहास मिल गया है। यदि यही है तो आज के शूद्रादि-अतिशूद्रों के दिल और दिमाग अपने पूर्वज की दास्तानें सुन कर पीड़ित होते होंगे, इसमें कुछ भी आश्चर्य नहीं होना चाहिए, क्योंकि हम जिनके वंश में पैदा हुए हैं जिनसे हमारा खून का रिश्ता है, उनकी पीड़ा से पीड़ित होना स्वाभाविक है। किसी समय ब्राह्मणों की राजसत्ता में हमारे पूर्वजों पर जो भी कुछ ज्यादतियाँ हुईं उनकी याद आते ही हमारा मन घबरा कर थरथराने लगता है। मन में इस तरह के विचार आने शुरू हो जाते हैं कि जिन घटनाओं की याद भी इतनी पीड़ादायी है, तो जिन्होंने उन अत्याचारों को सहा है, उनके मन कि स्थिति किस प्रकार की रही होगी, यह तो वे ही जान सकते हैं। इसकी अच्छी मिसाल हमारे ब्राह्मण भाइयों के (धर्म) शास्त्रों में ही मिलती है। वह यह कि इस देश के मूल

निवासी क्षत्रिय लोगों के साथ ब्राह्मण-पुरोहित वर्ग के मुखिया परशुराम जैसे व्यक्ति ने कितनी क्रूरता बरती, यही इस ग्रंथ में बताने का प्रयास किया गया है। फिर भी उसकी क्रूरता के बारे में इतना समझ में आया है कि उस परशुराम ने कई क्षत्रियों को मौत के घाट उतार दिया था। और उस (ब्राह्मण) परशुराम ने क्षत्रियों की अनाथ हुई नारियों से उनके छोटे-छोटे चार-चार पाँच-पाँच माह के निर्दोष मासूम बच्चों को जबरदस्ती छीन कर अपने मन में किसी प्रकार की हिचकिचाहट न रखते हुए बड़ी क्रूरता से उनको मौत के हवाले कर दिया था। यह उस ब्राह्मण परशुराम का कितना जघन्य अपराध था। वह चंड इतना ही करके चुप नहीं रहा, अपने पति के मौत से व्यथित कई नारियों को, जो अपने पेट के गर्भ की रक्षा करने के लिए बड़े दुखित मन से जंगलों-पहाड़ों में भागे जा रही थीं, वह उनका कातिल शिकारी की तरह पीछा करके, उन्हें पकड़ कर लाया और प्रसूति के पश्चात जब उसे यह पता चलता कि पुत्र की प्राप्ति हुई है, तो वह चंड हो कर आता और प्रसूतिशुदा नारियों का कत्ल कर देता था। इस तरह की कथा ब्राह्मण ग्रंथों में मिलती है। और जो ब्राह्मण लोग उनके विरोधी दल के थे, उनसे उस समय की सही स्थिति समझ में आएगी, यह तो हमें सपने में भी नहीं सोचना चाहिए। हमें लगता है कि ब्राह्मणों ने उस घटना का बहुत बड़ा हिस्सा चुराया होगा। क्योंकि कोई भी व्यक्ति अपने मुँह से अपनी गलतियों को कहने की हिम्मत नहीं करता। उन्होंने उस घटना को अपने ग्रंथ में लिख रखा है, यही बहुत बड़े आश्चर्य की बात है। हमारे सामने यह सवाल आता है कि परशुराम ने इक्कीस बार

क्षत्रियों को पराजित करके उनका सर्वनाश क्यों किया और उनकी अभागी नारियों के अबोध, मासूम बच्चों का भी कत्ल क्यों किया? शायद इसमें उसे बड़ा पुरुषार्थ दिखता हो और उसकी यह बहादुरी बाद में आनेवाली पीढ़ियों को भी मालूम हो, इसलिए ब्राह्मण ग्रंथकारों ने इस घटना को अपने शास्त्रों में लिख रखा है। लोगों में एक कहावत प्रचलित है कि हथेली से सूरज को नहीं ढका जा सकता। उसी प्रकार यह हकीकत, जबकि उनको शर्मिंदा करनेवाली थी, फिर भी उनकी इतनी प्रसिद्धि हुई कि उनसे कि ब्राह्मणों ने उस घटना पर, जितना परदा डालना संभव हुआ, उतनी कोशिश उन्होंने की, और जब कोई इलाज ही नहीं बचा तब उन्होंने उस घटना को लिख कर रख दिया। हाँ, ब्राह्मणों ने इस घटना की जितनी हकीकत लिख कर रख दी, उसी के बारे में यदि कुछ सोच-विचार किया जाए तो मन को बड़ी पीड़ा होती है क्योंकि परशुराम ने जब उन क्षत्रिय गर्भधारिनी नारियों का पीछा किया तब उन गर्भिनियों को कितनी यातनाएँ सहनी पड़ी होंगी! पहली बात तो यह कि नारियों को भाग-दौड़ करने की आदत बहुत कम होती है। उसमें भी कई नारियाँ मोटी और कुलीन होने की वजह से, जिनको अपने घर की दहलीज पर चढ़ना भी मालूम नहीं था, घर के अंदर उन्हें जो कुछ जरूरत होती, वह सब नौकर लोग ला कर देते थे। मतलब जिन्होंने बड़ी सहजता से अपने जीवन का पालन-पोषण किया था, उन पर जब अपने पेट के गर्भ के बोझ को ले कर सूरज की लहलहाती धूप में टेढ़े-मेढ़े रास्तों से भागने की मुसीबत आई, इसका मतलब है कि वे भयंकर आपत्ति के शिकार थीं। उनको दौड़-भाग करने

की आदत बिलकुल ही नहीं होने की वजह से पाँव से पाँव टकराते थे और कभी धड़ल्ले से चट्टान पर तो कभी पहाड़ की खाइयों में गिरती होंगी। उससे कुछ नारियों के माथे पर, कुछ नारियों की कुहनी को, कुछ नारियों के घुटनों को और कुछ नारियों के पाँव को ठेस-खरोंच लग कर खून की धाराएँ बहती होंगी। और परशुराम पीछे-पीछे दौड़ कर आ रहा है, यह सुन कर और भी तेजी से भागने-दौड़ने लगती होंगी। रास्ते में भागते-दौड़ते समय उनके नाजुक पाँवों में काँटे, कंकड़ चुभते होंगे। कंटीले पेड़-पौधों से उनके बदन से कपड़े भी फट गए होंगे और उन्हें काँटे भी चुभे होंगे। उसकी वजह से उनके नाजुक बदन से लहू भी बहता होगा। लहलहाती धूप में भागते-भागते उनके पाँव में छाले भी पड़ गए होंगे। और कमल के डंठल के समान नाजुक नीलवर्ण कांति मुरझा गई होगी। उनके मुँह से फेन बहता होगा। उनकी आँखों में आँसू भर आए होंगे। उनके मुँह को एक एक-दिन, दो-दो दिन पानी भी नहीं छुआ होगा। इसलिए बेहद थकान से पेट का गर्भ पेट में ही शोर मचाता होगा। उनको ऐसा लगता होगा कि यदि अब धरती फट जाए तो कितना अच्छा होता। मतलब उसमें वे अपने-आपको झोंक देती और इस चंड से मुक्त हो जाती। ऐसी स्थिति में उन्होंने आँखें फाड़-फाड़ कर भगवान की प्रार्थना निश्चित रूप से की होगी कि 'हे भगवान! तूने हम पर यह क्या जुल्म ढाएँ हैं? हम स्वयं बलहीन हैं, इसलिए हमको अबला कहा जाता हैं। हमें हमारे पतियों का जो कुछ बल प्राप्त था, वह भी इस चंड ने छीन लिया है। यह सब मालूम होने पर भी तू बुजदिल हो कर कायर की तरह हमारी कितनी

इम्तिहान ले रहा है! जिसने हमारे शौहर को मार डाला और हम अबलाओं पर हथियार उठाए हुए है और इसी में जो अपना पुरूषार्थ समझता है, ऐसे चंड के अपराधों को देख कर तू समर्थ होने पर भी मुँह में उँगली दबाए पत्थर जैसा बहरा अंधा क्यों बन बैठा हैं?' इस तरह वे नारियाँ बेसहारा हो कर किसी के सहारे की तलाश में मुँह उठाए ईश्वर की याचना कर रही थीं। उसी समय चंड परशुराम ने वहाँ पहुँच कर उन अबलाओं को नहीं भगाया होगा? फिर तो उनकी यातनाओं की कोई सीमा ही नहीं रही होगी। उनमें से कुछ नारियों ने बेहिसाब चिल्ला-चिल्ला कर, चीख चीख कर अपनी जान गँवाई होगी? और शेष नारियों ने बड़ी विनम्रता से उस चंड परशुराम से दया की भीख नहीं माँगी होगी कि 'हे परशुराम, हम आपसे इतनी ही दया की भीख माँगना चाहते हैं कि हमारे गर्भ से पैदा होनेवाले अनाथ बच्चों की जान बख्शो! हम सभी आपके सामने इसी के लिए अपना आँचल पसार रहें हैं। आप हम पर इतनी ही दया करो। अगर आप चाहते हो तो हमारी जान भी ले सकते हो, लेकिन हमारे इन मासूम बच्चों की जान न लो! आपने हमारे शौहर को बड़ी बेरहमी से मौत के घाट उतार दिया है, इसलिए हमें बेसमय वैधव्य प्राप्त हुआ है। और अब हम सभी प्रकार के सुखों से कोसों दूर चले गए हैं। अब हमें आगे बाल-बच्चों होने की भी कोई उम्मीद नहीं रही। अब हमारा सारा ध्यान इन बच्चों की ओर लगा हुआ है। अब हमें इतना ही सुख चाहिए। हमारे सुख की आशा स्वरूप हमारे ये जो मासूम बच्चे हैं, उनको भी जान से मार कर हमें आप क्यों तड़फड़ाते देखना चाहते हो? हम आपसे इतनी ही भीख

माँगते हैं। वैसे तो हम आपके धर्म की ही संतान हैं। किसी भी तरह से क्यों न हो, आप हम पर रहम कीजिए। इतने करूणापूर्ण, भावपूर्ण शब्दों से उस चंड परशुराम का दिल कुछ न कुछ तो पिघल जाना चाहिए था, लेकिन आखिर पत्थर-पत्थर ही साबित हुआ। वह उन्हें प्रसूत हुए देख कर उनसे उनके नवजात शिशु छीनने लगा। तब ये उन नवजात शिशुओं की रक्षा के लिए उन पर औंधी गिर पड़ी होंगी और गर्दन उठा कर कह रही होंगी के 'है परशुराम, आपको यदि इन नवजात शिशुओं की ही जान लेनी है तो सबसे पहले यही बेहतर होगा कि हमारे सिर काट लो, फिर हमारे पश्चात आप जो करना चाहें सो कर लो, किंतु हमारी आँखों के सामने हमारे उन नन्हें-मुन्हें बच्चों की जान न लो! 'लेकिन कहते हैं न, कुत्ते की दुम टेढ़ी की टेढ़ी ही रहती है। उसने उनकी एक भी न सुनी। यह कितनी नीचता! उन नारियों को गोद में खेल रहे उन नवजात शिशुओं को जबर्दस्ती छीन लिया गया होगा, तब उन्हें जो यातनाएँ हुई होंगी, जो मानसिक पीड़ाएँ हुई होंगी, उस स्थिति को शब्दों में व्यक्त करने के लिए हमारे हाथ की कलम थरथराने लगती है। खैर, उस जल्लाद ने उन नवजात शिशुओं की जान उनकी माताओं की आँखों के सामने ली होगी। उस समय कुछ माताओं ने अपनी छाती को पीटना, बालों को नोंचना और जमीन को कूदेरना शुरू कर दिया होगा। उन्होंने अपने ही हाथ से अपने मुँह में मिट्टी के ढेले ठूँस-ठूँस कर अपनी जान भी गँवा दी होगी। कुछ माताएँ पुत्र शोक में बेहोश हो कर गिर पड़ी होंगी। उनके होश-हवास भूल गए होंगे। कुछ माताएँ पुत्र शोक के मारे पागल-सी हो गई होंगी। 'हाय

मेरा बच्चा, हाय मेरा बच्चा!' करते-करते दर-दर, गाँव-गाँव, जंगल-जंगल भटकती होंगी। लेकिन इस तरह सारी हकीकत हमें ब्राह्मण-पुरोहितों से मिल सकेगी, यह उम्मीद लगाए रहना फिजूल की बातें हैं।

इस तरह ब्राह्मण-पुरोहितों के पूर्वज, अधिकारी परशुराम ने सैकड़ों क्षत्रियों को जान से मार कर उनके बीवी-बच्चों के भयंकर बुरे हाल किए और उसी को आज के ब्राह्मणों ने शूद्रादि-अतिशूद्रों का सर्वशक्तिमान परमेश्वर, सारी सृष्टि का निर्माता कहने के लिए कहा है, यह कितने बड़े आश्चर्य की बात हैं! परशुराम के पश्चात ब्राह्मणों ने इन्हें कम परेशान नहीं किया होगा। उन्होंने अपनी ओर से जितना सताया जा सकता है, उतना सताने में कोई कसर बाकी छोड़ी नहीं होगी। उन्होंने घृणा से इन लोगों में से अधिकांश लोगों के भयंकर बुरे हाल किए। उन्होंने इनमें से कुछ लोगों को इमारतों-भवनों की नींव में जिंदा गाड़ देने में भी कोई आनाकानी नहीं की, इस बारे में इस ग्रंथ में लिखा गया है।

उन्होंने इन लोगों को इतना नीच समझा था कि किसी समय कोई शूद्र नदी के किनारे अपने कपड़े धो रहा हो और इत्तिफाक से वहाँ यदि कोई ब्राह्मण आ जाए, तो उस शूद्र को अपने सभी कपड़े समेट करके बहुत दूर जहाँ से ब्राह्मण के तन पर पानी का एक मामूली कतरा भी पड़ने की कोई संभावना न हो, ऐसे पानी के बहाव के नीचे की जगह पर जा कर अपने कपड़े धोना पड़ता था। यदि वहाँ से ब्राह्मण के तन पर पानी की बूँद का एक कतरा भी छू गया, या

उसको इस तरह का संदेह भी हुआ, तो ब्राह्मण-पंडा आग के शोले की तरह लाल हो जाता था और उस समय उसके हाथ में जो भी मिल जाए या अपने ही पास के बर्तन को उठा कर, न आव देखा न ताव, उस शूद्र के माथे को निशाना बना कर बड़े जोर से फेंक कर मारता था उससे उस शूद्र का माथा खून से भर जाता था। बेहोशी में जमीन पर गिर पड़ता था। फिर कुछ देर बाद होश आता था तब अपने खून से भीगे हुए कपड़ों को हाथ में ले कर बिना किसी शिकायत के, मुँह लटकाए अपने घर चला जाता था। यदि सरकार में शिकायत करो तो, चारों तरफ ब्राह्मणशाही का जाल फैला हुआ था, बल्कि शिकायत करने का खतरा यह रहता था कि खुद को ही सजा भोगने का मौका न आ जाए। अफसोस! अफसोस!! हे भगवान, यह कितना बड़ा अन्याय है!

खैर, यह एक दर्दभरी कहानी है, इसलिए कहना पड़ रहा है। किंतु इस तरह की और इससे भी भयंकर घटनाएँ घटती थीं, जिसका दर्द शूद्रादि-अतिशूद्रों को बिना शिकायत के सहना पड़ता था। ब्राह्मणवादी राज्यों में शूद्रादि-अतिशूद्रों को व्यापार-वाणिज्य के लिए या अन्य किसी काम के लिए घूमना हो तो बड़ी कठिनाइयों का सामना करना पड़ता था, बड़ी कठिनाइयाँ बर्दाश्त करनी पड़ती थीं। इनके सामने मुसीबतों का ताँता लग जाता था। उसमें भी एकदम सुबह के समय तो बहुत भारी दिक्कतें खड़ी हो जाती थीं, क्योंकि उस समय सभी चीजों की छाया काफी लंबी होती है। यदि ऐसे समय शायद कोई शूद्र रास्ते में जा रहा हो और सामने से किसी ब्राह्मण की सवारी आ रही है, यह देख कर उस ब्राह्मण पर अपनी

छाया न पड़े, इस डर से कंपित हो कर उसको पल-दो-पल अपना समय फिजूल बरबाद करके रास्ते से एक ओर हो कर वहीं बैठ जाना पड़ता था। फिर उस ब्राह्मण के चले जाने के बाद उसको अपने काम के लिए निकलना पड़ता था। मान लीजिए, कभी-कभार बगैर खयाल के उसकी छाया उस ब्राह्मण पर पड़ी तो ब्राह्मण तुरंत क्रोधित हो कर चंड बन जाता था और उस शूद्र को मरते दम तक मारता-पीटता और उसी वक्त नदी पर जा कर स्नान कर लेता था।

शूद्रों से कई लोगों को (जातियों को) रास्ते पर थूकने की भी मनाही थी। इसलिए उन शूद्रों को ब्राह्मणों की बस्तियों से गुजरना पड़ा तो अपने साथ थूकने के लिए मिट्टी के किसी एक बरतन को रखना पड़ता था। समझ लो, उसकी थूक जमीन पर पड़ गई और उसको ब्राह्मण-पंडों ने देख लिया तो उस शूद्र के दिन भर गए। अब उसकी खैर नहीं। इस तरह ये लोग (शूद्रादि-अतिशूद्र जातियाँ) अनगिनत मुसीबतों को सहते-सहते मटियामेट हो गए। लेकिन अब हमें वे लोग इस नरक से भी बदतर जीवन से कब मुक्ति देते हैं, इसी का इंतजार है। जैसे किसी व्यक्ति ने बहुत दिनों तक जेल के अंदर जिंदगी गुजार दी हो, वह कैदी अपने साथी मित्रों से बीवी-बच्चों से भाई-बहन से मिलने के लिए या स्वतंत्र रूप से आजाद पंछी की तरह घूमने के लिए बड़ी उत्सुकता से जेल से मुक्त होने के दिन का इंतजार करता है, उसी तरह का इंतजार, बेसब्री इन लोगों को भी होना स्वाभाविक ही है। ऐसे समय बड़ी खुशकिस्मत कहिए कि ईश्वर को उन पर दया आई, इस देश में अंग्रेजों की सत्ता कायम हुई और उनके

द्वारा ये लोग ब्राह्मणशाही की शारीरिक गुलामी के मुक्त हुए। इसीलिए के लोग अंग्रेजी राजसत्ता का शुक्रिया अदा करते हैं। ये लोग अंग्रेजों के इन उपकारों को कभी भूलेंगे नहीं। उन्होंने इन्हें आज सैकड़ों काल से चली आ रही ब्राह्मणशाही की गुलामी की फौलादी जंजीरों को तोड़ करके मुक्ति की राह दिखाई है। उन्होंने इनके बीवी-बच्चों को सुख के दिन दिखाए हैं। यदि वे यहाँ न आते तो ब्राह्मणों ने, ब्राह्मणशाही ने इन्हें कभी सम्मान और स्वतंत्रता की जिंदगी न गुजारने दी होती। इस बात पर कोई शायद इस तरह का संदेह उठा सकता है कि आज ब्राह्मणों की तुलना में शूद्रादि अतिशूद्रों की संख्या करीबन दस गुना ज्यादा है। फिर भी ब्राह्मणों ने शूद्रादि-अतिशूद्रों को कैसे मटियामेट कर दिया? कैसे गुलाम बना लिया? इसका जवाब यह है कि एक बुद्धिमान, चतुर आदमी इस अज्ञानी लोगों के दिलो-दिमाग को अपने पास गिरवी रखा सकता है। उन पर अपना स्वामित्व लाद सकता है। और दूसरी बात यह है कि दस अनपढ़ लोग यदि एक ही मत के होते तो वे उस बुद्धिमान, चतुर आदमी की दाल ना गलने देते, एक न चलने देते; किंतु वे दस लोग दस अलग-अलग मतों के होने की वजह से ब्राह्मणों-पुरोहितों जैसे धूर्त, पाखंडी लोगों को उन दस भिन्न-भिन्न मतवादी लोगों को अपने जाल में फँसाने में कुछ भी कठिनाई नहीं होती। शूद्रादि-अतिशूद्रों की विचार प्रणाली, मत मान्यताएँ एक दूसरे से मेल-मिलाप न करे, इसके लिए प्राचीन काल में ब्राह्मण-पुरोहितों ने एक बहुत बड़ी धूर्ततापूर्ण और बदमाशीभरी विचारधारा खोज निकाली। उन शूद्रादि-अतिशूद्रों के समाज की

संख्या जैसे-जैसे बढ़ने लगी, वैसे-वैसे ब्राह्मणों में डर की भावना उत्पन्न होने लगी। इसीलिए उन्होंने शूद्रादि-अतिशूद्रों के आपस में घृणा और नफरत बढ़ती रहे, इसकी योजना तैयार की। उन्होंने समाज में प्रेम के बजाय जहर के बीज बोए। इसमें उनकी चाल यह थी के यदि शूद्रादि-आतिशूद्र (समाज) आपस में लड़ते-झगड़ते रहेंगे तब कहीं यहाँ अपने टिके रहने की बुनियाद मजबूत रहेगी और हमेशा-हमेशा के लिए उन्हें अपना गुलाम बना कर बगैर मेहनत के उनके पसीने से प्राप्त कमाई पर बिना किसी रोक-टोक के गुलछर्रे उड़ाने का मौका मिलेगा। अपनी इस चाल, विचारधारा को कामयाबी देने के लिए जातिभेद की फौलादी जहरीली दीवारें खड़ी करके, उन्होंने इसके समर्थन में अपने जाति-स्वार्थसिद्धि के कई ग्रंथ लिख डाले। उन्होंने उन ग्रंथों के माध्यम से अपनी बातों को अज्ञानी लोगों के दिलों-दिमाग पर पत्थर की लकीर तरह लिख दिया। उनमें से कुछ लोग जो ब्राह्मणों के साथ बड़ी कड़ाई और दृढ़ता से लड़े, उनका उन्होंने एक वर्ग ही अलग कर दिया। उनसे पूरी तरह बदला चुकाने के लिए उनकी जो बाद की संतान हुई उसको उन्हें छूना नहीं चाहिए, इस तरह की जहरीली बातें ब्राह्मण-पंडा-पुरोहितों ने उन्हीं लोगों के दिलो-दिमाग में भर दी फिलहाल जिन्हें माली, कुनबी (कुर्मी आदि) कहा जाता है। जब यह हुआ तब इसका परिणाम यह हुआ कि उनका आपसी मेल-मिलाप बंद हो गया और वे लोग अनाज के एक-एक दाने के लिए मोहताज हो गए। इसीलिए इन लोगों को जीने के लिए मरे हुए जानवरों का मांस मजबूर हो कर खाना पड़ा। उनके इस आचार-व्यवहार को देख कर

आज के शूद्र जो बहुत ही अहंकार से माली, कुनबी, सुनार, दरजी, लुहार बढ़ई (तेली, कुर्मी) आदि बड़ी-बड़ी संज्ञाएँ अपने नाम के साथ लगाते हैं, वे लोग केवल इस प्रकार का व्यवसाय करते हैं। कहने का मतलब यही है कि वे लोग एक ही घराने के होते हुए भी आपस में लड़ते-झगड़ते हैं और एक दूसरे को नीच समझते हैं। इन सब लोगों के पूर्वज स्वदेश के लिए ब्राह्मणों से बड़ी निर्भयता से लड़ते रहे, इसका परिणाम यह हुआ के ब्राह्मणों ने इन सबको समाज के निचले स्तर पर ला कर रख दिया और दर-दर के भिखारी बना दिया। लेकिन अफसोस यह है कि इसका रहस्य किसी के ध्यान में नहीं आ रहा है। इसलिए ये लोग ब्राह्मण-पंडा-परोहितों के बहकावे में आ कर आपस में नफरत करना सीख गए। अफसोस! अफसोस!! ये लोग भगवान की निगाह में कितने बड़े अपराधी है! इन सबका आपस में इतना बड़ा नजदीकी संबंध होने पर भी किसी त्योहार पर ये उनके दरवाजे पर पका-पकाया भोजन माँगने के लिए आते हैं तो वे लोग इनको नफरत की निगाह से ही नहीं देखते हैं, कभी-कभी तो डंडा ले कर इन्हें मारने के लिए भी दौड़ते हैं। खैर, इस तरह जिन-जिन लोगों ने ब्राह्मण-पंडा-पुरोहितों से जिस-जिस तरह से संघर्ष किया, उन्होंने उसके अनुसार जातियों में बाँट कर एक तरह से सजा सुना दी या जातियों का दिखावटी आधार दे कर सभी को पूरी तरह से गुलाम बना लिया। ब्राह्मण-पंडा-पुरोहितों सब में सर्वश्रेष्ठ और सर्वाधिकार संपन्न हो गए, है न मजे की बात! तब से उन सभी के दिलो दिमाग आपस में उलझ गए और नफरत से अलग-अलग हो गए। ब्राह्मण-पुरोहितों अपने षड्यंत्र में

कामयाब हुए। उनको अपना मनचाहा व्यवहार करने की पूरी स्वंतत्रता मिल गई। इस बारे में एक कहावत प्रसिद्ध है कि 'दोनों का झगड़ा और तीसरे का लाभ' मतलब यह है कि ब्राह्मण-पंडा-पुरोहितों ने शूद्रादि-अतिशूद्रों के आपस में नफरत के बीज जहर की तरह बो दिए और खुद उन सभी की मेहनत पर ऐशोआराम कर रहे हैं।

संक्षेप में, ऊपर कहा ही गया है कि इस देश में अंग्रेज सरकार आने भी वजह से शूद्रादि-अतिशूद्रों की जिंदगी में एक नई रोशनी आई। ये लोग ब्राह्मणों की गुलामी से मुक्त हुए यह कहने में किसी प्रकार का संकोच नहीं है। फिर भी हमको यह कहने में बड़ा दर्द होता है कि अभी भी हमारी दयालु सरकार के, शूद्रादि-अतिशूद्रों को शिक्षित बनाने की दिशा में, गैर-जिम्मेदारीपूर्ण रवैया अख्तियार करने की वजह से ये लोग अनपढ़ ही रहे। कुछ लोग शिक्षित, पढ़े लिखे बन जाने पर भी ब्राह्मणों के नकली पाखंडी (धर्म) ग्रंथों के शास्त्रपुराणों के अंध भक्त बन कर मन से, दिलो-दिमाग से गुलाम ही रहे।

इसलिए उन्हें सरकार के पास जा कर कुछ फरियाद करने, न्याय माँगने का कुछ आधार ही नहीं रहा है। ब्राह्मण-पंडा-पुरोहितों लोग अंग्रेज सरकार और अन्य सभी जाति के लोगों के पारिवारिक और सरकारी कामों में कितनी लूट-खसोट करते हैं, गुलछर्रे उड़ाते है, इस बात की ओर हमारी अंग्रेज सरकार का अभी तक कोई ध्यान नहीं गया है। इसलिए हम चाहते है कि अंग्रेज सरकार को सभी जनों के प्रति

समानता का भाव रखना चाहिए और उन तमाम बातों की ओर ध्यान देना चाहिए जिससे शूद्रादि-अतिशूद्र समाज के लोग ब्राह्मणों की मानसिक गुलामी से मुक्त हो सकें। अपनी इस सरकार से हमारे यही प्रार्थना है।

इस किताब को लिखते समय मेरे मित्र विनायक राव बापू जी भंडारकर और सा0 राजन्नलिंगू ने मुझे जो उत्साह दिया, इसके लिए मैं उनको बहुत-बहुत धन्यवाद देता हूँ।

जोतीराव गोविंदराव

ब्राह्मणवादी धर्म की छत्रच्छाया में

गुलामगीरी

[जोतीराव और धोंडीराव-संवाद]

परिच्छेद : एक

[ब्रह्मा की व्युत्पत्ति, सरस्वती और इराणी या आर्य लोगों के संबंध में।]

धोंडीराव : पश्चिमी देशों में अंग्रेज, फ्रेंच आदि दयालु, सभ्य राज्यकर्ताओं ने इकट्ठा हो कर गुलामी प्रथा पर

कानूनन रोक लगा दी है। इसका मतलब यह है कि उन्होंने ब्रह्मा के (धर्म) नीति-नियमों को ठुकरा दिया है। क्योंकि मनुसंहिता में लिखा गया है कि ब्रह्मा (विराट पुरुष) ने अपने मुँह से ब्राह्मण वर्ण को पैदा किया है और उसने इन ब्राह्मणों की सेवा (गुलामी) करने की लिए ही अपने पाँव से शूद्रों को पैदा किया है।

जोतीराव : अंग्रेज आदि सरकारों ने गुलामी प्रथा पर पाबंदी लगा दी है, इसका मतलब ही यह है कि उन्होंने ब्रह्मा की आज्ञा को ठुकरा दिया है, यही तुम्हारा कहना है न! इस दुनिया में अंग्रेज आदि कई प्रकार के लोग रहते हैं, उनको ब्रह्मा ने अपनी कौन-कौन सी इंद्रियों से पैदा किया है और इस संबंध में मनुसंहिता में क्या-क्या लिखा गया है?

धोंडीराव : इसके संबंध में सभी ब्राह्मण, मतलब बुद्धिमान और बुद्धिहीन यह जवाब देते हैं कि अंग्रेज आदि लोगों के अधम, दुराचारी होने की वजह से उन लोगों से बारे में मनुसंहिता में कुछ भी लिखा नहीं गया।

जोतीराव : तुम्हारे इस तरह के कहने से यह पता चलता है कि ब्राह्मणों में अधम, नीच, दुष्ट, दुराचारी लोग बिलकुल है ही नहीं?

धोंडीराव: अनुभव से यह पता चलता है कि अन्य जातियों की तुलना में ब्राह्मणों में सबसे ज्यादा अधम, नीच, दुष्ट और दुराचारी लोग हैं।

जोतीराव : फिर यह बताओ के इस तरह के अधम, नीच, दुष्ट, ब्राह्मणों के बारे में मनु की संहिता मे किस प्रकार से लिखा गया है?

धोंडीराव : इस बात से यह प्रमाणित होता है कि मनु ने अपनी संहिता में जो व्युत्पत्ति सिद्धांत प्रतिपादित किया है, वह एकदम तथ्यहीन, निराधार है; क्योंकि वह सिद्धांत सभी मानव समाज पर लागू नहीं होता।

जोतीराव : इसीलिए अंग्रेज आदि लोगों के जानकारों ने ब्राह्मण ग्रंथकारों की बदमाशी को पहचान कर गुलाम बनाने की प्रथा पर कानूनन पाबंदी लगा दी। यदि यह ब्रह्मा तमाम मानव समाज की व्युत्पत्ति के लिए सही में कारण होता तो उन्होंने गुलामी प्रथा पर पाबंदी ही नहीं लगाई होती। मनु ने चार वर्णों की उत्पत्ति लिखी है। यदि इस व्युत्पत्ति को कुल मिला कर सभी सृष्टि-क्रमों से तुलना करके देखा जाए तो वह तुमको पूरी तरह तथ्यहीन, निराधार ही दिखाई देगी।

धोंडीराव : मतलब, यह किस प्रकार से?

जोतीराव : ब्राह्मणों का कहना है ब्राह्मण ब्रह्मा के मुख से पैदा हुए लेकिन कुल मिला कर सभी ब्राह्मणों की आदिमाता ब्राह्मणी ब्रह्मा के किस अंग से उत्पन्न हुई इसके बारे में मनु ने अपनी संहिता में कुछ भी नही लिख रखा है। आखिर ऐसा क्यों?

धोंडीराव : क्योंकि वह उन विद्वान ब्राह्मणों के कहने के अनुसार मूर्ख दुराचारी होगी। इसलिए फिलहाल उसे म्लेच्छ [3] या विधर्मियों की पंक्ति में रख दिया जाए।

जोतीराव : हम भूदेव हैं, हम सभी वर्णों में श्रेष्ठ हैं, यह हमेशा बड़े गर्व से कहनेवाले इन ब्राह्मणों को जन्म देनेवाली आदिमाता ब्राह्मणी ही है न? फिर तुम उसको म्लेच्छों की पंक्ति में किसलिए रखते हो? उसको वहाँ की शराब और मांस की बदबू कैसे पसंद आएगी? बेटे, तू यह बड़ी गलत बात कर रहा है।

धोंडीराव : आपने ही कई बार सरेआम सभाओं में, व्याख्यानों में कहा है कि ब्राह्मणों के आदिवंशज जो ऋषि थे, वे श्राद्ध [4] के बहाने गौ की हत्या करके गाय के मांस से कई प्रकार के पदार्थ बनवा करके खाते थे। और अब आप कहते है कि उनकी आदिमाता को बदबू आएगी, इसका मतलब क्या है? **आप** अंग्रेजी राज के दीर्घजीवी होने की कामना कीजिए, और कुछ दिन के लिए रूक जाइए। तब आपको दिखाई देगा कि आज के अधिकांश मांगलिक[5] भिक्षुक ब्राह्मण इस तरह का प्रयास करेंगे कि रेसिडेंट, गर्वनर आदि अधिकारियों की उन पर ज्यादा-से-ज्यादा मेहरबानी हो, इसलिए ये ब्राह्मण उनकी मेज पर के बचे-खुचे गोश्त के टुकड़े बुटेलर [6] ब्राह्मणों के नाम से अंदर-ही-अंदर फुसफुसाने लगे हैं? मनु महाराज ने आदिब्राह्मणी की व्युत्पत्ति के बारे में कुछ भी नहीं लिखा है। इसलिए इस दोष की सारी जिम्मेदारी उसी के सिर पर डाल दीजिए। उसके बारे में आप

मुझे क्यों दोष दे रहे हैं कि मैं गलत-सलत बोल रहा हूँ? छोड़िए इन बातों को, आगे बताइए।

जोतीराव : अच्छा, जैसी तुम्हारी इच्छा, वही सच क्यों ना हो। अब ब्राह्मण को पैदा करनेवाले ब्रह्मा का जो मुँह है, वह हर माह मासिक धर्म (माहवार) आने पर तीन-चार दिन के लिए अपवित्र (बहिष्कृत) होता था या लिंगायत[7] नारियों की तरह भस्म लगा कर पवित्र (शुद्ध) हो कर घर के काम-धंधे में लग जाता था, इस बारे में मनु ने कुछ लिखा भी है या नहीं?

धोंडीराव : नहीं। किंतु ब्राह्मणों की उत्पत्ति का आदि कारण ब्रम्हा ही है। और उसको लिंगायत नारी का उपदेश कैसे उचित लगा होगा? क्योंकि आज के ब्राह्मण लोग लिंगायतों से इसलिए घृणा करते हैं क्योंकि वे इसमें छुआछूत नहीं मानते।

जोतीराव : इससे तुम सोच ही सकते हो कि ब्राह्मण का मुँह, बाँहें, जाँघे और पाँव - इन चार अंगों की योनि, माहवार (रजस्वला) के कारण, उसको कुल मिला कर सोलह दिन के अशुद्ध हो कर दूर-दूर रहना पड़ता होगा। फिर सवाल उठता है कि उसके घर का काम-धंधा कौन करता होगा? क्या मनु महाराज ने अपनी मनुस्मृति में इसके संबंध में कुछ लिखा भी है या नहीं?

धोंडीराव : नहीं।

जोतीराव : अच्छा। वह गर्भ ब्रह्मा के मुँह में जिस दिन से ठहरा, उस दिन से ले कर नौ महीने बीतने तक किस जगह पर रह कर बढ़ता रहा, इस बारे में मनु ने कुछ कहा भी है या नही?

धोंडीराव : नहीं।

जोतीराव : अच्छा। फिर जब यह ब्राह्मण बालक पैदा हुआ, उस नवजात शिशु को ब्रह्मा ने अपने स्तन का दूध पिला कर छोटे से बड़ा किया, इस बारे में भी मनु महाराज ने कुछ लिखा है या नहीं?

धोंडीराव : नहीं।

जोतीराव : सावित्री ब्रह्मा की औरत होने पर भी उसने उस नवजात शिशु के गर्भ का बोझ अपने मुँह में नौ महीने तक सँभाल कर रखने, उसे जन्म देने और उस की देखभाल करने का झमेला अपने माथे पर क्यों ले लिया? यह कितना बड़ा आश्चर्य है!

धोंडीराव : उसके (ब्रह्मा के) शेष तीन सिर उस झमेले से दूर थे या नहीं? आपकी राय इस मामले में क्या है? उस रंडीबाज को इस तरह से माँ बनने की इच्छा क्यों पैदा हुई होगी?

जोतीराव : अब यदि उसे रंडीबाज कहा जाए तो उसने सरस्वती नाम की अपनी कन्या से ही संभोग

(व्यभिचार) किया था। इसीलिए उसका उपनाम बेटीचोद हो गया है। इसी बुरे कर्म के कारण कोई भी व्यक्ति उसका मान-सम्मान (पूजा) नहीं कर रहा है।

धोंडीराव : यदि सचमुच में ब्रह्मा को चार मुँह होते तो उसी हिसाब से उसे आठ स्तन, चार नाभियाँ, चार योनियाँ और चार मलद्वार होने चाहिए। किंतु इस बारे में सही जानकारी देनेवाला कोई लिखित प्रमाण नहीं मिल पाया है। फिर, उसी तरह शेषनाग की शैया पर सोनेवाले को, लक्ष्मी नाम की स्त्री होने पर भी, उसने अपनी नाभि से चार मुँहवाले बच्चे को कैसे पैदा किया? इस बारे में यदि सोचा जाए तो उसकी भी स्थिति ब्रह्मा की तरह ही होगी।

जोतीराव : वास्तव में, हर दृष्टि से सोचने के बाद हम इस निर्णय पर पहुँचते है कि ब्राह्मण लोग समुद्रपार जो इराण नाम का देश है, वहाँ के मूल निवासी है। पहले जमाने में उन्हें इराणी या आर्य कहा जाता था। इस मत का प्रतिपादन कई अंग्रेजी ग्रंथकारों ने उन्हीं के ग्रंथों के आधार पर किया है। सबसे पहले उन आर्य लोगों ने बड़ी-बड़ी टोलियाँ बना करके देश में आ कर कई बर्बर हमले किए। यहाँ के मूल निवासी राजाओं के प्रदेशों पर बार-बार हमले करके बड़ा आतंक फैलाया। फिर (बटू) वामन के बाद आर्य (ब्राह्मण) लोगों का ब्रह्मा नाम का मुख्य अधिकारी हुआ। उसका स्वभाव बहुत जिद्दी था। उसने अपने काल में यहाँ के हमारे आदिपूर्वजों को अपने बर्बर हमलों में पराजित कर उन्हें अपना गुलाम बनाया। बाद में उसने अपने लोग और इन गुलामों में

हमेशा-हमेशा के लिए भेद-भाव बना रहे, इसलिए कई प्रकार के नीति नियम बनवाए। इन सभी घटनाओं की वजह से ब्रह्मा की मृत्यु के बाद आर्य लोगों का मूल नाम अपने-आप लुप्त हो गया और उनका नया नाम पड़ गया 'ब्राह्मण'।

फिर मनु महाराज जैसे (ब्राह्मण) अधिकारी हुए। पहले से बने हुए और अपने बनाए हुए नीतिनियमों का क्षय बाद में कोई न कर पाए, इस डर की वजह से उसने ब्रह्मा के बारे में नई नई तरह की कल्पनाएँ फैलाई। फिर उसने इस तरह के विचार उन गुलाम लोगों के दिलों-दिमाग में ठूँस-ठूँस कर भर दिए कि ये बातें ईश्वर की इच्छा से हुई हैं। फिर उसने शेषनाग शैया की दूसरी अंधी कथा (पुराण कथा) गढ़ी और समय देख कर, कुछ समय के बाद, उन सभी पाखंडों के ग्रंथशास्त्र बनाए गए। उन ग्रंथों के बारे में शूद्र गुलामों को नारद जैसे धूर्त, चतुर, सदा औरतों में रहनेवाले छछोरे के ताली पीट-पीट कर उपदेश करने की वजह से यूँ ही ब्रह्मा का महत्व बढ़ गया। अब हम इस ब्रह्मा के बारे में, शेषनाग शैया करनेवाले के बारे में खोज करने लगें तो उससे हमें छदाम का फायदा तो होगा नहीं क्योंकि उसने जान बूझ कर उस बेचारे को सीधा लेटा हुआ देख कर उसकी नाभि से यह चार मुँहवाले बच्चे को पैदा करवाया। मुझे ऐसा लगता है कि पहले से ही औंधाचित हुए गरीब पर ऊपर से पाँव देना, इसमें अब कुछ मजा नहीं है।

परिच्छेद : दो

[मत्स्य और शंखासुर के संबंध में]

धोंडीराव : इस देश में (बटू) वामन के पहले इराण से आर्य लोगों के कुल मिला कर कितने जत्थे आए होगें?

जोतीराव : इस देश में आर्य लोगों के कई जत्थे जलमार्ग से आए।

धोंडीराव : उनमें से पहला जत्था जलमार्ग से लड़ाकू नौका से आया था या किसी और मार्ग से?

जोतीराव : लड़ाकू नौकाएँ उस काल में नहीं थी। इसलिए वे जत्थे छोटी-छोटी नौकाओं पर आए थे और वे नौकाएँ मछलियों की तरह तेजी से पानी के ऊपर चलती थीं। इसलिए उस जत्थे के अधिकारी का उपनाम मत्स्य हो गया होगा।

धोंडीराव : फिर ब्राह्मण इतिहासकारों ने भागवत आदि ग्रंथों में इस तरह लिखा है कि उस जत्थे का मुखिया मत्स्य से पैदा हुआ था, इसका क्या मतलब होगा?

जोतीराव : उसके बारे में तुम ही सोचो कि मनुष्य और मछली इनके इंद्रियों में, आहार में, निद्रा में, मैथुन में और पैदा होने की प्रकिया में कितना अंतर है? उसी

प्रकार उनके मस्तिष्क में, मेधा में, कलेजे में, फेंफड़े में, अंतड़ियों में, गर्भ पालने-पोसने की जगह में और प्रसूति होने के मार्ग में कितना चमत्कारिक अंतर है। मनुष्य जमीन पर रह कर अपनी जिंदगी बसर करनेवाला प्राणी है। वह जरा-सी असावधानी से पानी में गिरने पर तैरना न आए तो डूब कर मर जाता है; किंतु मछली हमेशा ही पानी में रहती है। लेकिन मछली को पानी से बाहर निकाल कर जमीन पर रखते ही तिलमिला कर मर जाती है। नारी स्वाभाविक रूप में एक समय एक ही बच्चे को जन्म देती है। लेकिन मछली सबसे पहले कई अंडे देती है। उसके कुछ दिनों बाद उन अंडों को फोड़ कर उसमें से अपने सभी बच्चों को बाहर निकालती है। अब जिस अंडे में यह मत्स्य-बालक था, उसको उसने पानी से बाहर निकाल कर जमीन पर फोड़ा होगा उस अंडे से उसने उस मत्स्य-बालक को बाहर निकाला होगा। यदि यह कहा जाए, तो उस मछली की जान पानी से बाहर जमीन पर कैसे बची होगी? कोई आदमी इस तरह का सवाल उठा सकता है कि मनुष्यों में से किसी मँजे हुए गोताखोर ने पानी के अंदर गहरी डुबकी लगा कर मत्स्य-बालक जिस अंडे में था, उस अंडे को पहचान कर उसने उसको जमीन पर लाया होगा। खैर, यह भी सच मान लीजिए। लेकिन बाद में किस चतुर मर्द ने मछली के उस अंडे को फोड़ कर उसमें से उस मत्स्य-बालक को बाहर निकाला होगा, क्योंकि यूरोप और अमेरिकी देशों में काफी विकास हुआ है और बड़े-बड़े ख्यातिप्राप्त विद्वान चिकित्साशास्त्र में विज्ञ हुए हैं, फिर भी उनमें से किसी एक ने भी अपनी छाती पर हाथ रख कर यह दावा नहीं किया है कि

मैं मछली के अंडे को फोड़ करके उसमें से बच्चे को जिंदा बाहर निकाल देता हूँ। खैर, वह अंडा पानी में है, इस तरह का महत्वपूर्ण संदेश किस अमर मछली ने पानी से बाहर आ कर उस गोताखोर को बताया होगा और उस जलचर संदेशवाहक की भाषा मानव को कैसे समझ में आई होगी? इस प्रकार की एक से अधिक शंकाओं से भरे उन लेखों में से सही समाधान होना बिलकुल असंभव है। इसलिए उसके बारे में यह अनुमान प्रमाणित होता है कि, बाद में कुछ मूर्ख लोगों ने मौका मिलते ही अपने प्राचीन ग्रंथों में इस तरह की काल्पनिक कथाओं को घुसेड़ दिया होगा।

धोंडीराव : अच्छा, फिर सवाल यह उठता है कि उस जत्थे का नायक अपने लोगों से साथ किस जगह पर आ कर रूका होगा?

जोतीराव : पश्चिम के समुद्र को पार करते हुए वह एक बंदरगाह पर उतरा।

धोंडीराव : उस बंदरगाह पर उतरने के बाद उसने क्या किया?

जोतीराव : उसने शंखासुर नाम के क्षेत्रपति को जान से मार डाला और उसके राज्य को छीन लिया। बाद में शंखासुर का वह राज्य मत्स्य के मरते ही शंखासुर के लोगों ने अपना राज्य वापस लेने के उद्देश्य से मत्स्य के कबीले पर बड़ा ही खतरनाक हमला बोल दिया।

धोंडीराव : बाद में इस खतरनाक हमले का क्या परिणाम हुआ?

जोतीराव : उस करारी हमले में मत्स्य के कबीले की करारी हार हुई। इसलिए उसने युद्धभूमि से ही भाग जाना बेहतर समझा और भाग निकला। बाद में शंखासुर के लोगों द्वारा उसका पीछा करने की वजह से वह अंत में किसी पहाड़ी पर जा कर घने जंगल में छुप गया। उसी समय इराण से आर्य लोगों का दूसरा एक बड़ा कबीला कचवे से बंदरगाह पर आ पहुँचा और वे कचवे मछवे से कुछ बड़े होने की वजह से पानी पर कछुए की तरह धीरे-धीरे चल रहे थे। इसी की वजह से उस कबीले के मुखिया का उपनाम कच्छ हो गया।

परिच्छेद : तीन

[कच्छ, भूदेव,भूपति, क्षत्रिय, द्विज और कश्यप
राजा के संबंध में]

धोंडीराव : मछली और कछुवा, इन सभी बातों में तुलना करने पर कुछ बातों में निश्चित रूप से फर्क दिखाई पड़ता है। लेकिन कुछ बातों में जैसे पानी में रहना, अंडे देना, उन्हें फोड़ना आदि में उनमें समानता भी दिखाई देती है। इसलिए भागवत आदि पुराणकर्ताओं ने यह लिख रखी है कि कच्छ कछुए से पैदा हुआ है। इसके बारे में भी सोचने पर परिणाम मत्स्य जैसा ही होगा और अपना सारा समय व्यर्थ में खर्च होगा, ऐसा मुझे लगता है। इसलिए मैं आपसे आगे की बात पूछना चाहता हूँ कि कच्छ ने बंदरगाह पर उतरने के बाद क्या किया?

जोतीराव : सबसे पहले उस बंदरगाह की जिस पहाड़ी पर मस्यों का कबीला मुसीबत में पड़ गया था, वहाँ के मूल क्षेत्रवासी लोगों को भगा कर उसने अपने लोगों को मुक्त किया और वह स्वयं उस क्षेत्र का भूदेव यानी भूपति बन गया।

धोंडीराव : फिर जिनको कच्छ ने खदेड़ा था, वे क्षत्रिय लोग किस ओर चले गए?

जोतीराव : विदेशी इराणी या आर्य लोगों का कबीला समुद्र के रास्ते से आया देख कर, घबरा कर 'द्विज

आए' चिल्लाते हुए पहाड़ी के उस पार कश्यप नाम के क्षेत्रपति के पीछे-पीछे निकल पड़े। कच्छ ने उनको इस तरह पीछे-पीछे जाते हुए देख कर अपने साथ कुछ फौज ले कर उस पहाड़ी के एक छोर से नीचे उतरा। उसने उस पहाड़ी को पीठ पर ले कर, मतलब पीछे छोड़ कर कश्यप के राज्य के क्षत्रियों को इराण की मदद से कष्ट देने लगा। बाद में कश्यप ने उस पहाड़ी को कच्छ से वापस लेने के इरादे से जंग की तैयारी की, लेकिन कच्छे ने अपनी मृत्यु तक उस पहाड़ी को उस क्षेत्रपति के हाथ नहीं लगने दिया और अपनी युद्धभूमि छोड़ कर एक कदम पीछे भी नहीं हटा।

परिच्छेद : चार

[वराह और हिरण्यगर्भ के संबंध में।]

धोंडीराव : कच्छ के मरने के बाद द्विजों का मुखिया कौन हुआ?

जोतीराव : वराह।

धोंडीराव : भागवत आदि इतिहासकारों ने यह लिख कर रखा है कि वराह की पैदाइश सुअर से हुई है। इसमें आपकी क्या मान्यता है?

जोतीराव : वास्तव में सही बात यह हैं कि मनुष्य और सुअर में किसी भी दृष्टि से चमत्कारिक भिन्नता है। अपनी बात को अधिक स्पष्ट करने के लिए और तुम्हारा

पूरा समाधान हो, इसलिए यहाँ उदाहरण के तौर पर सिर्फ एक ही बात कहना चाहता हूँ कि वे अपने बच्चों को पैदा करने के बाद उनके किस तरह का व्यवहार करते हैं, यही सिर्फ हमें देखना है। मनुष्य जाति की नारी अपने बच्चों को पैदा करते ही वह उस बच्चे को किसी भी तरह का कष्ट नहीं होने देती और उसे बडे प्यार से पालती-पोसती है। लेकिन सुअरी कुतिया की तरह अपने पैदा किए पहले बच्चे को एकदम खा लेती है। उसके बाद दूसरे बच्चे को पैदा करती है। इससे यह सिद्ध होता है कि वरह कि सुअरी माता ने सबसे पहले अपने सुअर जाति के बच्चे को खा कर बाद में उस मानव सुअर को पैदा किया होगा। किंतु भागवत आदि ग्रंथकारों के अनुसार, वराह यदि आदिनारायण का अवतार है तो उसकी सर्वज्ञता और समान दृष्टि को दाग लगा या नहीं? क्योंकि वराह आदिनारायण का अवतार होने की वजह से, उसको पैदा करनेवाली सुअरी को उसके बड़े सुअर भाई को मार कर नहीं खाना चाहिए। उसने इसके पहले से ही कुछ बंदोबस्त क्यों नहीं करके रखा था? हाय! पद्मा सुअरी वराह आदिनारायण की माँ ही तो है न! और उसने इस तरह से अपने नन्हे-मुन्ने अबोध बालक की हत्या क्यों की? 'बालहत्या' शब्द का अर्थ सिर्फ बच्चों को जान से मारना ही होता है, फिर वह बच्चा किसी का भी क्यों न हो। किंतु इसने अपने पैदा किए हुए अबोध बच्चे की ही हत्या करके उसको खा लिया। इस तरह के अन्याय का अच्छा अर्थबोध हो, ऐसा शब्द किसी शब्दकोश में खोजने से भी नहीं मिलेगा। यदि इसको डाकिनी कहा जाए तो डाकिनी भी अपने बच्चों को नहीं खाती, यह एक पुरानी कहावत है। उस वराह

की पद्मा माता को इस तरह का अघोर कर्म करने की वजह से नरक की यातनाएँ भोगने से मुक्ति मिले, इसलिए उसने ऐसा पाप मुक्ति का कर्म किया, इसका कहीं कोई जिक्र भी नही मिलता, इसका हमें बड़ा अफसोस है।

धोंडीराव : वराह की सुअरी माता का नाम यदि पद्मा था तो इससे यह सिद्ध होता है कि उसके सुअर पति का कुछ ना कुछ नाम होना ही चाहिए कि नहीं?

जोतीराव : पद्मा सुअरी के पति का नाम ब्रह्मा था।

धोंडीराव : इससे यही समझ में आ रहा है कि प्राचीन काल में जानवर मनुष्यों की तरह आपस में एक दूसरे को ब्रह्मा, नारद और मनु, इस तरह के नाम देते थे। उनके नाम इन गपोड़ी ग्रंथकारों को कैसे समझ में आए होंगे? दूसरी बात यह कि पद्मा सुअरी ने वराह को उसके बचपन में अपने स्तन से दूध पिलाया ही होगा, इसमें कोई संदेह नहीं। किंतु बाद में उसके कुछ बड़ा होने पर गाँव के खंड़हरों में बहुत ही कोमल फूल पौधों का चारा चरने की उसे आदत लगी होगी कि नहीं, यह तो वही वराह आदिनारायण ही जाने। इस तरह से उनके (धर्म) ग्रंथों में कई तरह के महत्वपूर्ण सवालों के प्रमाण नहीं मिलते। इसलिए मुझे लगता है कि धर्मग्रंथों में लिखा यह सब झूठ है कि वराह सुअरी से पैदा हुआ है और इस तरह की झूठ-मूठ की बातें शास्त्रों में लिखते समय उन ग्रंथकारों को लज्जा भी नहीं आई होगी?

जोतीराव : यह कैसी बेतुकी बात है कि तुम्हारे जैसे ही लोग तरह के झूठ-मूठ के ग्रंथों की शिक्षा की वजह से ब्राह्मण-पंडा-पुरोहितों और उनकी संतानो के पाँवों को धो कर पानी भी पीते हैं। अब तुम ही बताओ, इसमें तुम निर्लज्ज हो या वे?

धोंडीराव : खैर, इन सब बातों को अब छोड़ दीजिए। आपके ही कहने के अनुसार, उस मुखिया का नाम वराह कैसे पड़ा?

जोतीराव : क्योंकि उसका स्वभाव, उसका आचार-व्यवहार, उसका रहन-सहन बहुत ही गंदा था और वहा जहाँ भी जाता था, वही जंगली सुअर की तरह झपट्टा मार कर अपना कार्य सिद्ध करता था। इसी की वजह से महाप्रतापी हिरण्यगर्भ और हिरण्यकश्यप नाम के जो दो क्षत्रिय थे, उन्होंने उसका नाम अपनी निषेध की भावना व्यक्त करने के लिए सुअर अर्थात वराह रखा। इससे वह और बौखला गया होगा और उसने अपने मन में उनके प्रतिशोध की भावना रखते हुए उनके प्रदेशों पर बास्बार हमले करके, वहाँ के सभी क्षेत्रवासियों को तकलीफें दे करके, अंत में उसने एक युद्ध में (हिरण्याक्ष) हिरण्यगर्भ को मार डाला। इसका परिणाम यह हुआ कि देश के सभी क्षेत्रपतियों में घबराहट पैदा हो गई और वे कुछ लड़खड़ाने लगे और इसी समय वराह मर गया।

परिच्छेद : पाँच

**[नरसिंह, हिरण्यकश्यप, प्रह्लाद, विप्र, विरोचन
आदि के संबंध में।]**

धोंडीराव : वराह के मरने के बाद द्विज लोगों का मुखिया कौन हुआ?

जोतीराव : नरसिंह।

धोंडीराव : नरसिंह स्वभाव से कैसा था?

जोतीराव : नरसिंह, स्वभाव से लालची, धोखेबाज, विश्वासघात करनेवाला, विनाशकारी, क्रूर और भ्रष्ट था। वह शरीर से बहुत मजबूत और बलवान था।

धोंडीराव : उसने क्या-क्या किया था?

जोतीराव : सबसे पहले उसके मन में हिरण्यकश्यप की हत्या करने का विचार आया। उसने यह अच्छी तरह समझ लिया था कि उसकी हत्या किए बगैर उसका राज्य उसे मिलनेवाला नहीं था। उसका अपना दुष्ट उद्देश्य सफल हो, इसके लिए उसने गुप्त हरकतें करना शुरू कर दिया। उसने अपने एक द्विज शिक्षक के माध्यम से हिरण्यकश्यप के बेटे प्रह्लाद के अबोध मन पर अपने धर्म-सिद्धांत थोपना प्रारंभ किया। इसकी वजह से प्रह्लाद ने अपने हर-हर नाम के कुलस्वामी की पूजा करना त्याग दिया। बाद

41

में हिरण्यकश्यप ने प्रह्लाद के भ्रष्ट हुए मन को पुन अपने कुलस्वामी की पूजा करने के लिए अनुकूल करने की दृष्टि से हर तरह की कोशिश की, लेकिन नरसिंह की ओर से प्रह्लाद को भीतर से मदद होने के कारण हिरण्यकश्यप के सारे प्रयास बेकार गए। अंत में नरसिंह ने उस अबोध बालक को अपने बहकावे में ला कर उसका मन इस तरह से भ्रष्ट कर दिया कि वह अपने पिता की हत्या कर दे। लेकिन इस तरह का अमानवीय कृत्य करने के लिए उस लड़के की हिम्मत नहीं हुई। इसलिए नरसिंह ने मौका देख कर ताजिया से बाघ के बनावटी स्वाँग की तरह अपने सारे बदन को रंगवाया, मुँह में बड़े-बड़े नकली दाँत लगवाए, और लंबे-लंबे वालों की दाढ़ी-मूँछे लगवाई और वह एक तरह से (नकली) भयंकर सिंह बन गया। यह सारा स्वाँग छुपाने के लिए नरसिंह ने जरी से बुनी हुई ऊँचे किस्म की साड़ी (पातल) पहन लिया और सती की तरह अपने मुँह पर लंबा-चौड़ा घूँघट डाल कर बड़े ही नखरैल ढंग से झूमते-लहराते हुए बच्चे की मदद से एक दिन उसके पिता द्वारा बनवाए विशाल मंदिर में जहाँ खंबों का ताँता लगा हुआ था, वहाँ जा कर चुपके से खड़ा हो गया। उसी दरम्यान हिरण्यकश्यप सारे दिन के शासन-भार से थका अपने मंदिर में आ कर आराम करने के उद्देश्य से ज्यों ही पलंग पर लेटा, नरसिंह ने बड़ी तेजी के साथ सिर का घूँघट खोल कर, आँचल को कमर में लपेट कर, उन खंबों की ओट से निकल कर हिरण्यकश्प के बदन पर कातिलाने ढंग से टूट पड़ा। उसने अपने हाथ की मुट्ठी में छुपाए हुए बघनघा से उसके पेट को फाड़ दिया। इस तरह उसने हिरण्यकश्यप की हत्या कर दी।

बाद में नरसिंह वहाँ से सभी द्विजों को ले कर रात और दिन एक कर के अपने मुल्क में भाग गया। इधर नरसिंह ने प्रह्लाद को तो भुलावे में रख दिया था, लेकिन जब क्षत्रियों को यह ध्यान में आया कि नरसिंह ने अमानवीय कर्म किया है तब उन्होंने आर्य लोगों को द्विज कहना बिलकुल त्याग दिया और नरसिंह को विप्रिय[8] कहने लगे। इसी विप्रिय शब्द से बाद में उसका नाम विप्र पड़ा होगा। बाद में क्षत्रियों ने नरसिंह यानी सिंह की औरत कह कर कोसना शुरू कर दिया। अंत में हिरण्यकश्यप के बच्चों में से कइयों ने नरसिंह को पकड़ कर उसको उचित दंड देने की कोशिश की, किंतु नरसिंह हिरण्यकश्यप की राजसत्ता हड़पने की इच्छा छोड़ कर केवल अपने मुल्क और अपनी जान को सँभालते हुए किसी प्रकार का पुनःप्रयास न करते हुए मर गया।

धोंडीराव : फिर नरसिंह के इस तरह के अमानवीय कृत्यों की वजह से उसके नाम को ले कर बाद में कोई उसकी छी-थू न करे, इस डर से विप्र इतिहासकारों ने कुछ समय के बाद उचित समय को जान कर नरसिंह के बारे में यह सिद्ध करने की कोशिश की कि वह तो खंबे से पैदा हुआ। इस तरह उसके नाम के साथ कई झूठ-मूठ की कल्पनाएँ गढ़ कर इतिहास में घुसेड़ दी गई होंगी।

जोतीराव : हाँ, इसमें भी कोई संदेह नहीं, क्योंकि यदि वह खंबे से पैदा हुआ, यह कहा जाए, तब उसकी गर्भ की नाल दूसरे किस व्यक्ति ने काटी होगी और उसके मुँह में दूध का स्तन दिए बगैर यह कैसे जिया होगा? बाद में वह किसी

न किसी दाई का या बाहर का दूध पिए, बगैर छोटे से बड़ा कैसे हुआ होगा? शायद यह भी हो सकता है, यदि यह कहा जाए, लेकिन सृष्टि में इस तरह से कुछ भी घटते हुए नहीं दिखाई देता। यह तो सृष्टिक्रम के विरुद्ध ही है। इन लापरवाह विप्र ग्रंथकारों ने नरसिंह को एकदम लकड़ियों के खंबों से पैदा करवाते ही बगैर किसी की सहायता के अपने-आप ही इतना शक्तिशाली दाढ़ी मूँछवाला, अक्ल का दुश्मन बना दिया कि उसने तुरंत ही हिरण्यकश्यप की हत्या कर डाली। हाय, जो पिता अपनी समझ के अनुसार, पितृधर्म की भावना को अपने मन में जगा कर, केवल शुद्ध ममता से अपने स्वयं के पुत्र का मन सच्चे धर्म में लगाने का प्रयास कर रहा था, उस पिता को आदिनारायण के अवतार द्वारा मार दिया जाना क्या सही में उचित था? इस तरह का अमानवीय कुकर्म अज्ञानी मनुष्य का अवतार भी शायद ही करेगा। आदिनारायण का अवतार होने की वजह से उसे चाहिए था कि वह हिरण्यकश्यप को दर्शन दे कर यह विश्वास दिलाता कि वह आदिनारायण का अवतार है, और वह पिता पुत्र में सुलह करवाने आया है, लेकिन ऐसा न कर उसने हिरण्यकश्यप को उपदेश दे कर उसको समझा नहीं पाया तो फिर वह उस सबकी बुद्धि का दाता कैसे? इससे यह सिद्ध होता है कि नरसिंह में किसी सामान्य स्त्री से भी कम अक्ल थी।

फिलहाल हिंदुस्थान में अमेरिकी और यूरोपियन मिशनरियों ने यहाँ के कई युवकों को ख्रिस्ती बना लिया; किंतु उनमें से किसी ने भी किसी (ख्रिस्ती) युवक के पिता की हत्या नहीं की, यह कितना बड़ा आश्चर्य है!

धोंडीराव : नरसिंह की इस तरह दुर्दशा होने पर विप्रों ने प्रहलाद का राज्य लेने के लिए कुछ कोशिश भी की या नहीं?

जोतीराव : विप्रों ने प्रहलाद का राज्य हड़पने के लिए कई तरह के लुके-छिपे प्रयास किए, किंतु उन लोगों को इसमें कोई कामयाबी नहीं मिली। चूँकि, बाद में प्रहलाद की आँखे खुल गई और उसको विप्रों की कुटिलता स्पष्ट रूप से दिखाई देने लगी। तब से प्रहलाद ने विप्रों पर किसी भी तरह का भरोसा करना छोड़ दिया और सभी लोगों से केवल ऊपरी दिखावे का स्नेह रख कर अपने राज्य की उचित व्यवस्था, योग्य प्रतिबंध करके मर गया। उसके मरने के बाद उसी के बेटे विरोचन ने अपने राज्य को सँभालते हुए उस राज्य को बलशाली बनाते हुए अंतिम साँस ली। विरोचन का बेटा 'बली' बहुत ही योद्धा निकला। उसने सबसे पहले अपने ही पड़ोस में रहनेवाले छोटे-बड़े क्षत्रपतियों को धृष्ट दंगाखोरो की ज्यादतियों से मुक्त किया और उन पर अपना अधिकार कायम किया। बाद में उसने अपने राज्य को बढ़ाने की दिनोंदिन कोशिश की। उस समय विप्रों का मुखिया (बटू) वामन था। उसको यह सब बर्दाश्त नहीं हो रहा था। इसलिए उसने बली का राज्य लड़-झगड़ कर लेने के उद्देश्य से ही गुप्त रूप से बहुत फौज तैयार की ओर अचानक बली के राज्य की सीमा पर आ पहुँचा। वामन बहुत ही लोभी साहसी और अड़ियल दिमागवाला था।

परिच्छेद : छह

[बली राजा, ज्योतिबा, मराठे, खंडोबा, महासूबा, नवखंडों का न्यायी, भैरोबा, सात आश्रित, डेरा डालना, रविवार को पवित्र मानना, वामन, श्राद्ध करना, विंध्यावली, घट रखना, बली राजा की मृत्यु, सती जाना, आराधी लोग, शिलंगण, भ्रात का बली राजा बनाना, दूसरे बली राजा के आने की भविष्यवाणी, बाणासुर, कुजागरी, वामन की मृत्यु, उपाध्ये, होली, वीर पुरखों की भक्ति, बलि प्रतिपदा, भाई-दूज आदि के संबंध में।]

धोंडीराव : फिर बली राजा ने क्या किया?

जोतीराव : बली राजा ने अपने राज्य के करीब-करीब सभी सरदारों को पड़ोसी क्षेत्रपतियों की ओर तुरंत भेज दिया और इस तरह की ताकीद की कि उन सभी लोगों को किसी भी तरह की दलील न देते हुए अपनी सारी फौज ले कर उसकी मदद के लिए आना चाहिए।

धोंडीराव: इस देश का इतना बड़ा प्रदेश बली के अधिकर में था।

जोतीराव : इस देश में कई प्रदेश बली राजा के अधिकार में थे। इसके अलावा सिंहलद्वीप आदि पड़ोस के कई प्रदेश इसके अधिकार में थे, ऐसा भी कहा जाता है। चूँकि वहाँ बली नाम का एक द्वीप भी है। इस प्रदेश के दक्षिण में कोल्हापुर की पश्चिम दिशा में बली के अधिकार में कोंकण

और मावला [9] प्रदेश के कुछ क्षेत्र थे। वहाँ ज्योतिबा नाम का मुखिया था। उसके रहने का मुख्य स्थान कोल्हापुर के उत्तर में रत्नगिरी नाम का पहाड़ था। इसी प्रकार दक्षिण में बली के अधिकार में दूसरा एक और प्रदेश था, उसको महाराष्ट्र कहा जाता था। और वहाँ के सभी मूल क्षेत्रवासियों को महाराष्ट्री कहा जाता था। बाद में उसी का अपभ्रंश रूप हो गया मराठे। यह महाराष्ट्र प्रदेश बहुत बड़ा होने से बली राजा ने उस प्रदेश को नौ क्षेत्रों में बाँट दिया था। इसी के कारण उस हर क्षेत्र के मुखिया का नाम खंडोबा पड़ गया था, इस तरह का उल्लेख मिलता है। हर खंड के मुखिया को योग्यता, के अनुसार उनके हाथ के नीचे कहीं एक, तो कहीं दो प्रधान रहते थे। उसी प्रकार हर एक खंडोबा के हाथ के नीचे बहुत मल्ल (पहलवान) थे। इसलिए उसको मलूखान कहते हैं।

उन नौ में जेजोरी का खंडोबा एक था।[10] यह खंडोबा नाम का मुखिया अपने पास-पड़ोस के क्षत्रपतियों के अधिकार में रहनेवाले मल्लों को ठीक करके उन्हें अपने वर्चस्व में रखता था। इसलिए उसका यह दूसरा नाम मल्लअरी पड़ गया था। मल्हारी [11] इसी का अपभ्रंश है। उसकी यह विशेषता थी कि वह धर्म के अनुसार ही लड़ता था। उसने कभी भी पीठ दिखा कर भागनेवाले किसी भी शत्रु पर वार नहीं किया। इसलिए उसका नाम मारतोंड पड़ गया था, जिसका अपभ्रंश मार्तंड[12] हो गया। उसी प्रकार वह दीन लोगों का दाता था। उसको गाने का बड़ा शौक था। उसके द्वारा स्थापित या उसके नाम पर प्रसिद्ध मल्हारराग है। यह राग इतना अच्छा है कि उसी के सहारे से तानसेन नाम का

मुसलिमों में जो प्रसिद्ध गायक हुआ है उसने भी एक दूसरा मल्हार राग बनाया है। इसके अलावा बली राजा ने, महाराष्ट्र में महासूबा और नौ खंडों के न्यायी के रूप में दो मुखिया वसूली और न्याय करने के लिए नियुक्त किए थे। उनके हाथ के नीचे अन्य कई मजदूर थे, इस प्रकार का भी उल्लेख मिलता है। फिलहाल उस महासूबे का अपभ्रंश म्हसोबा हुआ है। वह समय-समय पर लोगों की खेती-बाड़ी की जाँच-पड़ताल करता था और उसी के आधार पर छूट-सहूलियत दे कर सभी को खुश रखता था। इसलिए मराठों में एक भी कुल (किसान) ऐसा नहीं मिलेगा जो अपनी खेतों-बाड़ी के समय किसी भी पत्थर को महासूबे के नाम पर सिंदूर की लिपा-पोती कर, उसको धूप जला कर उसका नाम लिए बगैर खेत बोएगा। वे तो उसका नाम लिए बगैर खेत को हैसिया भी नहीं लगा सकते। उसके नाम का स्मरण किए बगैर खलिहान में रखे अनाज के ढेर को तौल भी नहीं सकते। उस बली राजा ब्राह्मण सूबे (प्रदेश) बना करके किसानों से वसूली करने का तरीका यवन लोगों ने अपनाया होगा, इस प्रकार का तर्क दिया जा सकता है। क्योंकि उस समय यवन लोग ही नहीं, बल्कि मिस्त्र से कई विद्वान यहाँ आ कर, ज्ञान पढ़ कर जाते थे, उस तरह के भी प्रमाण मिलते हैं। तीसरी बात यह है कि अयोध्या के पड़ोस में काशीक्षेत्र के इर्द-गिर्द कुछ क्षेत्र बली राजा के अधिकार में थे। उस प्रदेश को दसवाँ खंड कहा जाता था। वहाँ के मुखिया कुछ दिन पहले काशी शहर का कोतवाल था, इसके भी प्रमाण मिलते हैं। वह गायन-कला में इतना कुशल था कि उसने अपने नाम पर एक स्वतंत्र राग बनाया।

उस भैरव राग को सुन कर तानसेन जैसे ख्यातिप्राप्त महागायक भी नतमस्तक हुए। उसने अपनी ही कल्पना से डौर नाम के एक वाद्य का भी निर्माण किया। इस डौर नाम के वाद्य की रचना इतनी विलक्षणीय है कि उसके ताल-सुर में मृदंग, तबला आदि वाद्य भी उसकी बराबरी नहीं कर सकते। लेकिन उसकी ओर ध्यान न देने से, उसको जितनी प्रसिद्धि मिलनी चाहिए थी, उतनी नहीं मिल सकी। उसके जो सेवक हैं, उन्हें भैरवाड़ी कहते हैं जिसका अपभ्रंश भराड़ी है। इसमें इस बात का पता चलता है कि बली राजा का राज्य इस देश में आजपाल यानि राजा दशरथ के पिता जैसे कई क्षेत्रपतियों के राज्य से भी बड़ा था। इसीलिए सभी क्षेत्रपति उसी की नीति का अनुसरण करते थे। इतना ही नही, उनमें से सात क्षेत्रपति बली राजा को लगान दे कर उसी के आश्रय में रहते थे। इसलिए उसका नाम सात-आश्रित पड़ गया था, इस प्रकार का उल्लेख मिलता है। तात्पर्य, उक्त सभी कारणों से बली का राज्य विशाल था और वह बहुत बलशाली था, इस बात को प्रमाणित करनेवाली एक लोक कहावत भी है। यह कहावत यह है कि 'जिसकी लाठी उसकी भैंस' (बळी तो कान पिळी) इसका मतलब है, जो बलवान है उसी का राज। बली राजा कुछ विशेष महत्वपूर्ण काम अपने सरदारों पर सौंप देता था। उस समय बली राजा अपना दरबार भरवाता था। वहाँ सबके सामने एक उलटी थाली रख देता था। उस थाली में हलदी का चूर्ण और नारियल के फल के साथ पान, का बीड़ा रखवा कर कहता था कि जिसमें यह काम करने की हिम्मत है, वह यह बात पान का बीड़ा उठा ले। बली राजा के इस तरह कहने पर

जिसमें इस तरह के काम हिम्मत होती थी, वही 'वही हर-हर महावीर' [13] की कसम खा कर, हलदी का तिलक माथे पर लगा कर, नारियल और पान के बीड़े को हाथ में उठा कर, अपने माथे पर रख कर बाद में अपने दुपट्टे में बाँध लेता था। उसी वीर को बली राजा उस काम की जिम्मेदारी सौंप देता था। बाद में वह वीर बली राजा की आज्ञा ले कर अपनी फौज के साथ पूरी शक्ति लगा कर शत्रु की फौज पर हमला बोल देता था। इसी की वजह से उस संस्कार का नाम तड़ उठाना (तळ उचलने) पड़ा होगा। उसका अपभ्रंश 'तड़ी उठाना' (तड़ी उचलणे) हो गया। बलि राजा के महावीरों में भैरोंबा, ज्योतिबा तथा नवखंडोबा अपनी रैयत की सुख-सुविधा के लिए इसी तरह के शर्तिया प्रयास करते थे। आज भी मराठों ने कोई भी अच्छा कार्य प्रारंभ करने से पहले तड़ी उठाने का संस्कार अपना रखा है। उन्होंने अपने इस संस्कर के तहत बहिरोबा, जोतिबा और खंडोबा को देवता-स्वरूप कबूल कर लिया और उनके नाम से तड़ी उठाने लगे। वे लोग 'हर-हर महादेव' बहिरोबाचा या जोतिबाचा चांग भला - इस प्रकार का युद्धघोष करते थे और बहिरोबा अथवा ज्योति का स्तुतिगान करते थे। इतना ही नहीं, बली राजा अपनी सारी प्रजा के साथ महादेव के नाम से रविवार के दिन को पवित्र दिन के रूप में मानता था। इसकी पृष्ठभूमि में आज के मराठे यानि मातंग, महार, कुनबी और माली आदि लोग हर रविवार के दिन, अपने-अपने घर के उस कुलस्वामी की प्रतिमा को जलस्नान करवा कर, उसको भोजन अर्पण किए बगैर वे अपने मुँह में पानी की एक बूँद भी नहीं डालते हैं।

धोंडीराव : बली राजा के राज्य की सरहद पर आने के बाद वामन ने क्या किया?

जोतीराव : वामन अपनी सारी फौज को ले कर बली राजा के राज्य में सीधे-सीधे घुस आया। उसने बली राजा की प्रजा को मारते-पीटते, खदेड़ते हुए हाहाकार मचा दिया था और इस तरह से वह बली की राजधानी तक आ पहुँचा। इसलिए बली अपनी देशभर में फैली हुई फौज को इकट्ठा करने से पहले ही, बेबस हो कर, अपनी निजी फौज को साथ में ले कर वामन से मुकाबला करने के लिए युद्धभूमि पर उतर पड़ा। बली राजा (बली) भाद्रपद वद्य 1 पद से वद्य 30 तक, हर दिन वामन और उसकी फौज के साथ लड़ कर शाम को आराम के लिए अपने महल में आता था। इसी की वजह से दोनों ओर के जितने लोग उस पखवाड़े में एक-दूसरे से लड़ते हुए मर गए, उनके मरने की तिथियाँ ध्यान में रही। इसलिए हर साल भाद्रपद माह में उस तिथि को श्राद्ध करने की परंपरा पड़ गई होगी, इस तरह का तर्क निकलता है। आश्विन शुद्ध 1 पद से शुद्ध अष्टमी तक बली राजा वामन के साथ लड़ाई में इतना व्यस्त था कि वह सब कुछ भूल गया था और उस दरम्यान अपने महल में आराम के लिए भी नहीं आ सका। इधर बली राजा की विंध्यावली रानी ने अपने हिजड़े पंडे सेवक के द्वारा एक गड्ढा खुदवाया। उसने उसमें उस पंडे सेवक के द्वारा जलाव लकड़ियाँ डलवाईं और वह उस गड्ढे के पास आठ रात आठ दिन तक बिना कुछ खाए-पिए बैठी रही। उसने वहाँ अपने साथ पानी का एक कलश रखा था। रानी इस तरह बिना खाए-पिए पानी के सहारे इस कामना की पूर्ति की विजय

हो और वामन की बला टल जाए। इसलिए रानी यहाँ बैठ कर महावीर की प्रार्थना कर रही थी। इस दरम्यान आश्विन शुद्ध अष्टमी की रात में बली राजा के युद्ध में मारे जाने की खबर मिलते ही उसने गड्ढे में पहले से रखी गई लकड़ियों को आग लगा कर अपने-आपको उसमें झोंक दिया। उसी दिन से सती होने की रूढ़ि चल पड़ी होगी, यह तर्क किया जा सकता है। जब रानी विंध्यावली अपने पति के बिछोह के कारण आग में कूद कर मर गई, तब उसकी सेवा में रहनेवाली औरतों और हिजड़े पंडो ने अपने-अपने बदन के कपड़ों को नोंच-नोंच कर फाड़ डाला होगा और उस आग में जला दिया होगा। उन्होंने अपनी-अपनी छाती को पीट कर, जमीन पर अपने हाथों को पिटते हुए तालियाँ पिटते हुए रानी के गुणों का वर्णन करते हुए उस गड्ढे के ईर्द-गिर्द घूम कर अपना शोक प्रकट किया होगा कि 'हे रानी, तेरा ढिंढोरा घमघमाया, आदि। दुख की चिंता के ये शोले वही शांत हो जाएँ, फैले नहीं इसलिए ब्राह्मणों के धूर्त ग्रंथकारों ने बाद में मौका तलाश कर, उस गड्ढे का होम (कुंड) बनवा कर उसके संबंध में कई गलत-सलत बदमाशी-भरी घटनाएँ गूँथ कर अपने ग्रंथों में लिख कर रखी होंगी, इसमें कोई शक नहीं। उधर बली राजा के युद्धभूमि में मरने के बाद बाणासुर ने पूरे एक दिन हर तरह की मुसीबतों का मुकाबला करते हुए वामन की फौज ले कर भाग गया। इस युद्ध में विजय की मस्ती में वामन इतना बदमस्त हुआ कि बली राजा की मुख्य राजधानी में कोई भी पुरुष नहीं है, यह सुनहरा मौका देख कर उस राजधानी पर हमला बोल दिया। वामन अपने साथ पूरी फौज ले कर आश्विन शुद्ध

दशमी को बड़ी सुबह ही उस शहर में पहुँचा। उसने वहाँ के अंगणों में लगा हुआ जितना सोना था, सब लूट लिया। उस शब्द का अपभ्रंश 'शिलंगण का सोना लूट लिया', यह हो गया। इस लूट के बाद के वामन तुरंत अपने घर (प्रदेश) लौट गया। जब वह अपने घर पहुँचा, तो पहले से ही उसकी औरत ने मजाक के खातिर कनकी (चावल) का एक बली राजा करके अपने दरवाजे की दहलीज पर रखा था। वामन के घर पहुँचने पर उसने वामन से कहा कि यह देखो, बली राजा आपके साथ पुनःयुद्ध करने के लिए आया है। यह सुनते ही उसने उस कनकी के बली राजा को अपने लात की ठोकर से फेंक दिया और फिर घर के अंदर प्रविष्ट किया। उस दिन से आज तक ब्राह्मणों के घरों में हर साल आश्विन महीने में विजयादशमी (दशहरा) को ब्राह्मण औरतें कनकी या भात का बली राजा बना कर अपने-अपने दरवाजे की दहलीज पर रखती हैं। बाद में अपना बायाँ पाँव उस कनकी के बली राजा के पेट पर रख कर कचनार की लकड़ी से उसका पेट फाड़ती हैं। बाद में उस मृत बली राजा को लाँघ कर अपने घर में प्रविष्ट होती हैं। यही उनमें सदियों से चली आ रही परिसाटी है। (ब्राह्मण-पंडा-पुरोहितों के घरों में यह त्योहार बडे उत्साह के साथ मनाया जाता है, इसलिए इस त्योहार को ब्राह्मणों का त्योहार कहते हैं। अनु.) इसी तरह बाणासुर के लोग आश्विन शुद्ध दशमी की रात में अपने-अपने घर गए। उस समय उनकी औरतों ने उनके सामने दूसरे बली राजा की प्रतिमा रख कर और यह भविष्यवाणी जान कर कि दूसरा बली राजा ईश्वर के राज्य की स्थापना करेगा, अपने घर की दहलीज में खड़े हो कर

उसकी आरती उतारी होगी और यह कहा होगा की 'अला बला जावे और बलों का राज आवे (इडा पिडा जावो आणि बळी राज्य येवो)।' उस दिन से ले कर आज तक सैकड़ों साल बीत गए, फिर भी बली के राज्य के कई क्षेत्रों में क्षत्रिय वंश की औरतों ने हर साल आश्विन शुद्ध दशमी को शाम के समय अपने-अपने पति और पुत्र की आरती उतार कर आगे बली का राज्य आवे, इस इच्छा का त्याग नहीं किया है। इसमें पता चलता है कि आगे आनेवाला बली राजा कितना अच्छा होगा। धन्य है वह बली राजा और धन्य है वह राजनिष्ठा। लेकिन आज के तथाकथित मांगलिक हिंदू लोग अंग्रेज शासकों की मेहरबानी पाने के लिए कि उनको अंग्रेजी सत्ता में बड़े-बड़े पद और प्रतिष्ठा के स्थान मिलें, इसलिए ये लोग रानी के जन्म पर, आम सभाओं मे लंबे-लंबे भाषण देते हैं। लेकिन समाचार-पत्रों में या आपसी बातचीत में उनके खिलाफ अपना रोष व्यक्त करने का दिखावा करते हैं।

धोंडीराव : उस समय बली राजा द्वारा बुलाए गए सरदार क्या उसकी मदद के लिए आए ही नहीं?

जोतीराव : बाद में कोई छोटे-मोटे सरदार अपनी-अपनी फौज के साथ आश्विन शुद्ध चौदहवीं को आ कर बाणासुर से मिले। उनके बाणासुर से मिलने की खबर सुनते ही बली राज्य के कुल मिला कर सभी ब्राह्मण अपनी जान बचा कर वामन की ओर भाग गए। उनको इस तरह भाग कर आते देखा तो वामन बहुत ही घबरा गया। उसने सभी ब्राह्मणों को इकट्ठा किया। आश्विन शुद्ध पंद्रहवीं को वे सभी

इकट्ठा हो कर सारी रात जाग कर, अपने भगवान के सामने प्रसाद स्वरूप दाँव-पेंच तय करने लगे कि बाणासुर से अपना संरक्षण कैसे किया जाए। दूसरे दिन वामन अपने बाल-बच्चों के साथ सारी फौज को साथ ले कर अपने प्रदेश की सीमा पर पहुँच कर बाणासुर का इंतजार कर रहा था।

धोंडीराव : बाद में बाणसुर ने क्या किया?

जोतीराव : बाणासुर ने न आव देखा न ताव, उसने एकदम वामन पर हमला बोल दिया। बाणासुर ने बाद में उसको पराजित कर दिया और उसके पास जो कुछ था वह सब लूट लिया। फिर उसने वामन को उसके सभी लोगों के साथ अपनी भूमि से खदेड़ कर हिमालय की पहाड़ी पर भगा दिया। फिर उसने उस वामन को दाने-दाने के लिए इतना मोहताज बना दिया कि उसके कई लोग केवल भूख से मरने लगे। अंत में इसे चिंता में वही पर वामन-अवतार का सर्वनाश हुआ। मतलब, वामन भी मर गया। वामन के मरने से बाणसुर के लोगों को बड़ी खुशी हुई। वे कहने लगे की सभी ब्राह्मणों में वामन एक बहुत बड़ा संकट था। उसके मरने से, उसके नष्ट हो जाने से हमारा शोषण, उत्पीड़न समाप्त हो गया। उसी समय से ब्राह्मणों को उपाध्य कहने की पारिपाटी चली आ रही होगी, इस तरह का तर्क निकाला जा सकता है। बाद में उन उपाध्यों ने अपने-अपने घरों में युद्ध में मरे अपने सभी रिश्तेदारों के नाम से चिता (जिसको आजकल होली कहा जाता है) जला कर उनकी दाहक्रिया की; क्योंकि उनमें पहले से ही मृत आदमी को जलाने का रिवाज था। उसी प्रकार बाणासुर

और अन्य तमाम क्षत्रिय इस युद्ध में मरे अपने-अपने सभी रिश्तेदारों के नाम से फाल्गुन वद्य 1 पद को वीर बन कर, हाथ में नंगी तलवारें लिए बड़े उत्साह में नाचे, कूदे और उन्होंने मृत वीरों का सम्मान किया। क्षत्रियों में मृत आदमी के शरीर को जमीन में दफनाने की बहुत पुरानी परंपरा दिखाई देती है। अंत में बाणासुर ने उस उपाध्ये के रक्षण के लिए कुछ लोगों को वहाँ रखा। शेष सभी को अपने साथ ले कर अपनी राजधानी में पहुँचा। बाणासुर के अपनी मुख्य राजधानी में पहुँचने के बाद जो खुशी हुई उसका वर्णन करने से ग्रंथ का विस्तार होगा, इस डर की वजह से यहाँ मैं उस घटना का संक्षिप्त इतिहास दे रहा हूँ। बाणासुर अपने सारे जायदाद की गिनती करके आश्विन वद्य त्रयादेशी को उसकी पूजा की। फिर उस नेवद्य चतुर्दशी और वद्य 30 को अपने सभी सरदारों को बढ़िया-बढ़िया खाना खिलाया और सभी ने मौज मनाई। बाद में कार्तिक शुद्ध 1 को अपने कई सरदारों को उनकी योग्यता के अनुसार इनाम और उनको अपने-अपने मुल्क में जा कर काम में लग जाने का हुक्म भी दिया गया। इससे वहाँ की सभी स्त्रियों को भी खुशी हुई। उन्होनें कार्तिक शुद्ध 2 को अपने-अपने भाइयों को यथासामर्थ्य भोजन खिलाया। उन्होंने उनको भोजन खिला कर उनका पूरी तरह से समाधान किया। बाद में उन्होंने उनकी आरती उतारी और कहा कि, 'अला बला जावे और बली का राज्य आवे (इडा पिडा जावो आणि बळीचे राज्य येवो)।' इस तरह उन्होंने आनेवाले बली[14] के राज्य स्मरण दिलाया। उस समय से आज तक हर साल दीवाली को, भैयादूज (भाउबीज) के दिन क्षत्रिय

लड़कियाँ अपने-अपने भाई को आनेवाले बली राज्य का ही स्मरण दिलाती हैं। लेकिन उपाध्ये कुल में इस तरह का स्मरण दिलाने का रिवाज बिलकुल ही नहीं है।

धोंडीराव : लेकिन बली राजा को पाताल में गाड़ने के लिए आदिनारायण ने वामन अवतार लिया। उस वामन ने भिखारी का रूप धारण किया और उसने बली राजा को अपने छलकपट में फँसाया। उसने बली राजा से तीन कदम धरती का दान माँगा। बली राजा ने अपने भोलेपन में उसको दान देने का वचन दे दिया। दान का वचन मिलने के बाद उसने भिखारी का रूप त्याग किया और इतना विशाल आदमी बन गया कि उसने बली राजा से पूछा कि अब मुझे तीसरा कदम कहाँ रखना चाहिए? उसका यह विशालकाय रूप देख कर बली राजा बेबस हुआ। उसने उस वामन को यह जवाब दिया कि अब तुम अपना तीसरा पाँव मेरे सिर पर रख दो। बली राजा का यह कहना सुनते ही उस गलीजगेंडे ने अपना तीसरा पाँव बली राजा के सिर पर रख दिया और उसने बली राजा को पाताल में दफना कर अपना इरादा पूरा कर लिया। इस तरह की बात ब्राह्मण उपाध्यों ने भागवत आदि पुराणों में लिख रखी है। लेकिन आपने जिस हकीकत का वर्णन किया है, उससे यह पुराण-कथा झूठ साबित होती है। इसलिए इस बारे में आपका मत क्या है, यही हम जानना चाहते हैं।

जोतीराव : इससे अब तुम्हीं सोचो कि जब उस गलीजगेंडे ने अपने दो कदमों से सारी धरती और आकाश को घेर लिया था, तब उसके पहले ही कदम के नीचे कई गाँव,

गाँव के लोग दब गए होंगे और उन्होंने अपनी निर्दोष जानें गँवाई होंगी कि नहीं? दूसरी बात यह कि उस गलीगगेंडे ने जब अपना दूसरा कदम आकाश में रखा होगा, उस समय आकाश में सितारों की बहुत भीड़ होने से कई सितारे एक दूसरे से टकरा गए होंगे कि नहीं? तीसरी बात यह कि उस गलीजगेंडे ने अपने दूसरे कदम से यदि सारे आकाश को हड़प लिया होगा, तब उससे कमर के ऊपर के शरीर का हिस्सा कहाँ रहा होगा? इस ग्लीजगेंडे को कमर के ऊपर माथे तक आकाश शेप बचा होगा। तब उस गलीजगेंडे को अपने ही माथे पर अपना तीसरा कदम रखना चाहिए था और अपना इरादा पूरा करना चाहिए था। लेकिन उसने अपना इरादा पूरा करने की बात अलग रख दी और उसने केवल छलकपट से अपना तीसरा कदम बली राजा के माथे पर रख दिया और उसको पाताल में दफना दिया, उसकी इस नीति को क्या कहना चाहिए!

धोंडीराव : क्या सचमुच में वह गलीजगेंडा आदिनारायण का अवतार है? उसने इस तरह की सरेआम धोखेबाजी कैसे की? जो लोग ऐसे धूर्त, दुष्ट आदमी को आदिनारायण मानते हैं, उस इतिहासकारों को छी: छी: करते हुए, हम उनका निषेध करते है: क्योंकि उन्हीं के लेखों से वामन छली, धोखेबाज, विनाशकारी और हरामखोर साबित होता है। उसने अपने दाता को ही, जिसने उस पर उपकार किया था, दया दिखाई थी, उसी को पाताल में दफना दिया!

जोतीराव : चौथी बात यह है कि उस गलीजगेंडे का सिर जब आकाश को पार करके स्वर्ग में गया होगा, तब उसको वहाँ बड़े जोर से चिल्लाते हुए बली से पूछना पड़ा होगा कि अब मेरे दो कदमों में सारी धरती और आकाश समेट गए, फिर अब आप ही बताइए कि मैं तीसरा कदम कहाँ रखूँ और अपना इरादा तथा आपके इरादे को कैसे पूरा करूँ? क्योंकि आकाश में उस गलीजगेंडे का मुँह और पृथ्वी पर बली राजा - इसमें अनगनित कोसों का फासला रहा ही होगा, और आश्चर्य की बात यह है कि रशियन, फ्रेंच, अंग्रेज और अमेरिकी आदि लोगों में किसी एक को भी उस संवाद का एक शब्द भी सुनाई नहीं दिया, यह कैसी अजीब बात है! उसी प्रकार धरती के मानव बली राजा ने उस वामन नाम के गलीजगेंडे को उत्तर दिया कि तुम अपना तीसरा कदम मेरे माथे पर रख दो, फिर यह बात उसने सुनी होगी, यह भी बड़े आश्चर्य की बात है। क्योंकि बली राजा उसके जैसा बेढंगा आदमी बना नहीं था। पाँचवी बात यह है कि उस गलीजगेंडे के बोझ से धरती की कुछ भी हानि नहीं हुई यह कैसी आश्चर्य की बात है!

धोंडीराव : यदि धरती की हानि हुई होती तब हम यह दिन कहाँ से देखते! उस गलीजगेंडे ने क्या-क्या खा कर अपनी जान बचाई होगी? फिर जब वह गलीजगेंडे मरा होगा तब उसके उस विशाल लाश को श्मशान में ले जाने के लिए कंधा देनेवाले चार लोग कहाँ से मिले होंगे? वह उसी जगह मर गया होगा, यह कहा जाए, तब उसको जलाने के लिए पर्याप्त लकड़ियाँ कहाँ से मिली होगी? यदि उस तरह की विशालकाय लाश को को जलाने के लिए पर्याप्त लकड़ियाँ नहीं

मिली होगा, यह कहा जाए, तब उसको वहीं के वहीं कुत्ते सियारों ने नोंच-नोंच कर खा लिया होगा और उसका हलवा पस्त किया होगा कि नहीं? ताप्तर्य यह कि भागवत आदि सभी (पुराण) ग्रंथों में उक्त प्रकार की शंका का समाधान नहीं मिलता है। इसका मतलब स्पष्ट है कि उपाध्यों ने बाद में समय देख कर सभी पुराण कथाओं के इस तरह के ग्रंथों की रचना की होगी, यही सिद्ध होता है।

जोतीराव : तात, आप इस भागवत पुराण को एक बार पढ़ लें। फिर आपको ही उस भागवत पुराण से ज्यादा इसप नीति अच्छी लगेगी।

परिच्छेद : सात

[ब्रह्मा, ताड़ के पत्तों पर लिखने का रिवाज, जादूमंत्र, संस्कृत का मूल, अटक नदी के उस पार जाने पर रोक, प्राचीन काल में ब्राह्मण लोग घोड़ी आदि जानवरों का मांस खाते थे, पुरोहित, राक्षस, यज्ञ, बाणासुर की मृत्यु, अछूत (परवारी), धागे की गेंडली का निशान मूलमंत्र, महार, शूद्र, कुलकर्णी, कुनबी, शूद्रों से नफरत, अस्पर्शनीय भाव, मांगल्य (सोवळे), धर्मशास्त्र, मनु, पुरोहितों की पढ़ाई-लिखाई का परिणाम, प्रजापति की मृत्यु, ब्राह्मण आदि के संबंध में।]

धोंडीराव : वामन की मृत्यु के बाद उपाध्यों का मुखिया कौन हुआ?

जोतीराव : वामन की मृत्यु के बाद उन लोगों को कुलीन मुखिया की नियुक्ति के लिए समय ही नही मिला होगा। इसलिए ब्रह्मा नाम का एक चतुर-चालाक दप्तरी था, वही सारा राज्य शासन सँभालने लगा : वह बहुत ही कल्पना-बहादुर था। उसको जैसे-जैसे मौका मिलता था, वह उस तरह से काम करके अपना मतलब साध लेता था। उसके कहने पर, उसकी बात पर लोगों का बिलकुल ही विश्वास नहीं था। इसलिए उसको चौमुँहा कह कर पुकारने का प्रचलन चल पड़ा। मतलब यह कि बहुत ही चतुर हठीला धूर्त, दुस्साहसी और निर्दयी था।

धोंडीराव : ब्रह्मा ने सबसे पहले क्या किया होगा?

जोतीराव : ब्रह्मा ने सबसे पहले ताड़वृक्ष के सूखे पत्तों पर कील से कुरेद कर लिखने को तरकीब खोज निकाली और उसको जो कुछ इराणी जादूमंत्र और व्यर्थ की नीरस कहानियाँ याद थीं, उनमें से कुछ कहानियाँ उसमें मिला कर, उस काल की सर्वकृत (जिसका अपभ्रंश 'संस्कृत' शब्द है) चालू भाषा में आज की पारसी बयती जैसी छोटी-छोटी कविताओं (छंदों) की रचना की और सबका सार ताड़वृक्ष के पत्तों पर लिख दिया। बाद में इसकी बहुत प्रशंसा भी हुई। उसी की वजह से यह धारणा प्रचलित हुई कि ब्रह्मा के मुँह से ब्राह्मणों के लिए जादूमंत्र विद्या का प्रादुर्भाव हुआ है। उस समय उपाध्ये लोग बिना भोजन पानी के मरने लगे थे। इसी की वजह से वे लोग लुके-छिपे इराण में भाग गए। इसके बाद

उन्होंने यह नियम बना लिया था कि अटक नदी या समुद्र को लाँघ कर उस पार किसी को नहीं जाना चाहिए, और इसका उन्होंने पूरा बंदोबस्त कर लिया था।

धोंडीराव : फिर उन्होंने उस जंगल मे क्या-क्या खा कर अपनी जान बचाई?

जोतीराव : उन्होंने वहाँ के फल, पत्ती, कंदमूल और उस जंगल के कई तरह के पंछी और जानवरों को ही नहीं, बल्कि कई लोगों ने अपने पालतू घोड़ी की भी हत्या करके उन्हें भून करके खाया और अपनी जान बचाई। इसीलिए उनके रक्षक उन्हें भ्रष्ट कहने लगे। बाद में उन पंडों ने कई तरह की कठिनाइयों में फँस जाने की वजह से कई तरह के जानवरों के मांस खाए। लेकिन जब उन्हें उस बात कि लज्जा आने लगी तब उन्होंने किसी भी प्रकार का मांस खाने पर रोक लगा दी होगी। लेकिन जिन ब्राह्मणों को पहले से ही मांस खाने की आदत लगी थी, उस आदत को एकदम से छुड़ाना बड़ी मुश्किल बात थी। उन्होंने कुछ समय बीत जाने के बाद समय देख कर उस निम्न कर्म का दोष छुपाने के लिए पशुओं की हत्या करके उनका मांस खाने में सबसे बड़ा पुण्य मान लिया और खाने योग्य पशुओं की हत्या को पशुयज्ञ, अश्वमेध यज्ञ आदि प्रतिष्ठित नामों से संबोधित कर उनके बारे में उन्होंने अपने ग्रंथों में लिख कर रखा। (उसमें उन्होंने यज्ञों का पूरी तरह से समर्थन किया। उनका धर्म अर्थात् ब्राह्मण-धर्मवाद बाद में 'यज्ञों का धर्म' कहलाया। उनके यज्ञ पूरी तरह

से हिंसक ही थे। बिना हिंसा के वैदिकों का ब्राह्मणों का यज्ञ होता ही नहीं था-अनु.)।

धोंडीराव : बाद में ब्रह्मा ने क्या किया?

जोतीराव : बली राजा के पुत्र बाणासुर के मरने के बाद उसके राज्य में कोई मुखिया नहीं रहा। प्रजा पर जो नियंत्रण था, वह भी ढीला पड़ गया। जिधर देखिए, उधर बेबसी का वातावरण था। हर कोई अपने-आपको राजा समझ कर चल रहा था। सभी लोग ऐशोआराम की जिंदगी में पूरी तरह से मगशूल थे। यही सुनहरा, उचित समय समझ कर ब्रह्मा ने अपने साथ उन सभी भूख से त्रस्त थे, व्याकुल ब्राह्मण परिवारों को (जिसका अपभ्रंश आज 'परिवारी' है) लिया। फिर उसने राक्षसों पर (रक्षक-जो अब्राह्मणों के यहाँ के मूल निवासियों के रक्षक थे, उन्हें राक्षस कहा गया होगा। राक्षस शब्द मूलतः रक्षक अर्थात रक्षण करनेवाला होना चाहिए-अनु.) रात में एकाएक हमला बोल दिया और उनका पूरी तरह से विनाश किया। बाद में उसने बाणसुर के राज्य में घुसने के पहले इस तरह सोचा होगा कि आगे न जाने किस तरह की मुसीबत अपने पर आ जाए और हम सभी को इधर-उधर तितर-बितर होना पड़े, उसमें हमको अपने-अपने परिवार को पहचानने में कठिनाई हो जाएगी लेकिन तितर-बितर होने के बाद भी हम अपने-अपने परिवार के लोगों को पहचान सकें, इसलिए ब्रह्मा ने अपने परिवार के सभी लोगों के गले में छह सफेद धागों से बने रस्से को अर्थात जातिनिर्देशित निशान, मतलब, जिसको आज (ब्राह्मण लोग) ब्रह्म-सूत्र कहते हैं

(जनेऊ) उसको उसने हर ब्राह्मण के गले में पहना दिया। उस जनेऊ के लिए उसने उनको एक जातिनिर्देशित मूलमंत्र दिया, जिसको गायत्री मंत्र[15] कहा जाता है। उन पर किसी प्रकार की मुसीबत आने पर भी उन्हें उस गायत्री मंत्र को क्षत्रियों को नहीं बताना चाहिए, इस तरह की शपथ दिलाई। इसी की वजह से ब्राह्मण लोग अपने-अपने परिवार के लोगों को बड़ी आसानी से पहचान कर अलग-अलग करने लगे।

धोंडीराव: उसके बाद ब्रह्मा ने और क्या-क्या किया?

जोतीराव : ब्रह्मा ने अपने उन सभी पारिवारिक ब्राह्मणों को साथ में ले कर बाणासुर के राज्य में घुसपैठ की, फिर हमला किया। उसने वहाँ के कई छोटे-बड़े सरदारों के हौसले नाउम्मेद कर दिया। उसने अधिकांश भूक्षेत्र अपने अधिकार के लिए लिया और युद्ध में कमर कस कर लड़नेवाले महाअरी (आज उस शब्द का अपभ्रंश रूप महार है) क्षत्रियों के अलावा जो लोग उसकी चंगुल में आ गए थे, उनका सब कुछ उसने छीन लिया। बाद में उसने सत्ता की गरमी में उस सब क्षुद्र लोगों (जिसका अपभ्रंश रूप 'शूद्र' है) को अपना गुलाम बनाया। उसने उनमें के कई लोगों को गुलामस्वरूप सेवा के लिए अपने लोगों के घर-घर बाँट दिया। फिर उसने गाँव-गाँव में एक एक ब्राह्मण-सेवक भेज कर उनके द्वारा भूक्षेत्र विभाजन करवाया और उन शेष सभी शूद्रों को कृषिकार्य करने के लिए मजबूर किया। उसने इन कृषक-शूद्रों को जिंदा रहने के लिए जमीन की उपज का कुछ हिस्सा स्वयं ले कर शेष

भाग इन स्वामियों को दे देने का नियम बनाया। इसी की वजह से उन ग्राम सेवक ब्राह्मण कर्मचारियों का नाम कुले करणी (जिसका अपभ्रंश रूप है कुलकर्णी) हो गया और उसी प्रकार उन शूद्र कुलों का (किसान) नाम कुलवाड़ी (जिसका अपभ्रंश शब्द है कुलंबी, कुळंबी या कुनबी [16]) हो गया। लेकिन उन दास कुनबियों औरतों को हमेशा ही खेती का काम नहीं मिल पाता था। उनको कभी-कभी ब्राह्मणों के घर का काम करने के लिए, मजबूर हो कर ही क्यों न सही लेकिन जाना पड़ता था। इसलिए कुनबी और दासी इन दो शब्दों में कोई अर्थ भिन्नता नहीं दिखाई देती। उक्त प्रकार के बुनियादी आधार के अनुसार बाद में सभी ब्राह्मण दिन-ब-दिन मस्ती में आ कर शूद्रों को इतना नीच मानने लगे कि उसके संबंध में यदि सारी हकीकत लिखी जाए तो उसका अलग से ग्रंथ हो जाएगा। इस तरह की कुछ बातें आज भी समाज में प्रचलित हैं। ग्रंथ विस्तार के डर के उन बातों की चर्चा यहाँ मैं संक्षेप में ही कर रहा हूँ। उसी प्रकार आजकल के ब्राह्मण भी (चाहे वे झाड़ू लगानेवाले मांतग-महारों की तरह अनपढ़ ही क्यों न हों।) भूखे मरने लगे, इसलिए जो नहीं करना चाहिए, वह नीचकर्म करने पर आमादा हुए हैं। वे लोग पाप-पुण्य की कल्पना किसी भी प्रकार का विधि-निषेध नहीं रखते हैं अज्ञानी शूद्रों को अपने जाल में फँसाने के लिए हर तरह की तरकीबें खोजते रहते हैं। अंत में जब उनका बस न चलता है तब वे शूद्रों के दरवाजे-दरवाजे पर धर्म के नाम पर भीख माँग कर जैसे-तैसे अपना पेट पालते हैं। लेकिन शूद्रों के घर के नौकर (सेवक) बन कर उनके खेत के जानवरों की देखभाल करने के

लिए राजी नहीं होंगे। जानवरों के कोठे में पड़े गोबर को उठाने के लिए, कोठे की साफ सफाई करने के लिए, गोबर की टोकरी सिर पर उठाने के लिए तैयार नहीं होंगे। गोबर की टोकरी उठा कर गड्ढे में डालने के लिए तैयार नहीं होंगे। वे लोग किसान के खेत में हल जोतने के लिए, मोट को जोत कर खेतों को, फल सब्जियों के बागों को पानी देने के लिए तैयार नहीं होंगे। वे लोग खलिहान में काम करने के लिए राजी नहीं होंगे। वे लोग खेतों को खोदने, कुदाली-फावड़ा चलाने के लिए खेत से घास सिर पर ढोने के लिए तैयार नहीं होंगे। वे लोग हाथ में लठ ले कर रात-रात भर खेतों में हँसिया से घास काट कर बैलों के लिए खेत से घास सिर पर ढोने के लिए तैयार नहीं होंगे। वे लोग हाथ में लठ ले कर रात-रात भर खेतों की देख-रेख करने के लिए राजी नहीं होंगे। वे लोग किसी भी प्रकार का शारीरिक श्रम करने के लिए शरमाते हैं। वे लोग शूद्रों के घरों में नौकर बन कर, उनकी घोड़ियों की साफ सफाई करने के लिए, दाना खिलाने के लिए, घोड़ों को आगे-पीछे दौड़ने के लिए शरमाते हैं। वे लोग शूद्रों की जूतियों को बगल में दबा कर, सँभाल कर रखने के लिए राजी नहीं होंगे। वे लोग शूद्रों से घरों की साफ-सफाई करने के लिए, उनके घर से जूठे बर्तनों की साफ-सफाई करने के लिए, उनके घर की लालटेन साफ करके जलाने के लिए तैयार नहीं होंगे। वे शूद्रों के घर पर लीपा-पोती का काम करने के लिए तैयार नहीं होंगे। वे लोग रेलवे स्टेशनों पर, बस स्टेशनों पर, माल-धक्के पर कुली, कबाड़ी का काम करने के लिए शरमाते हैं। इसी प्रकार ब्राह्मण औरतें शूद्रों की नौकरानियाँ हो कर शूद्रनियों को नहलाएँगी

नहीं, उनके बाल कंघी नहीं कर देंगी। शूद्रों के घर साफ-सफाई का काम नहीं करेगी। शूद्रानियों के लिए बिछाना नहीं लगा कर देंगी। उनकी साड़ियाँ, उनके कपड़े धोने के लिए राजी नहीं होंगी। उनकी जूतियाँ सँभालने के लिए तैयार नहीं होंगी, शरमाती हैं।

फिर जब वे महाअरि (महार) लोग अपने शूद्र भाइयों को ब्राह्मणों के जाल से मुक्त करने की इच्छा से ब्राह्मणों से प्रतिवाद करने लगे, उन पर हमले करने लगे कि वे शूद्र का छुआ हुआ भोजन भी खाने से इनकार करते थे। उसी नफरत की वजह से आजकल के ब्राह्मण शूद्रों द्वारा छुआ हुआ भोजन तो क्या, पानी भी नहीं पीते हैं। ब्राह्मणों की किसी शूद्र के द्वारा छुई हुई कोई भी वस्तु नहीं लेनी चाहिए, इसलिए मांगलिक (सोवळे-ओवळे) होने की संकल्पना को जन्म दिया गया और उनमें यह आम रिवाज हो गया। फिर अधिकांश शूद्र-विरोधी ब्राह्मण ग्रंथकारों ने, दूसरों की बात छोड़िए, अपने मन में भी थोड़ी लज्जा नहीं रखी। उन्होंने मांगलिक होने के रिवाज का इतना महत्व बढ़ाया कि मांगलिक ब्राह्मण किसी शूद्र का स्पर्श होते ही अपवित्र (नापाक), अमांगलिक हो जाता था। इसके समर्थन के लिए उन्होंने धर्मशास्त्र जैसी कई अपवित्र, भ्रष्ट किताबे लिखी हैं। ब्राह्मणों ने इस बात की भी पूरी सावधानी रखी कि शूद्रों को किसी भी तरह पढ़ना-लिखना नहीं सिखाना चाहिए। उन्हें ज्ञान-ध्यान नहीं देना चाहिए, क्योंकि कुछ समय बीत जाने के बाद यदि शूद्रों को अपने बीते हुए काल के श्रेष्ठत्व की स्मृतियाँ हो गई तब वे कभी-न-कभी उनकी छाती नोंचने के

लिए कोई भी कसर बाकी नहीं रखेंगे। उनके खिलाफ बगावत, विद्रोह करेंगे, इसलिए उन्होंने शूद्रों को पढ़ने-लिखने से, ज्ञान ध्यान की बातों से दूर रखने के पूरा षड्यंत्र रचा था। उन्होंने अपने धर्मशास्त्रों में शूद्रों के पढ़ने-लिखने के खिलाफ विधान बनाया। उन्होंने इतना ही नहीं किया बल्कि कोई ब्राह्मण यदि धर्मग्रंथ का अध्ययन कर रहा हो, तो उसके अध्ययन का एक शब्द भी शूद्रों के कान तक नहीं पहुँचना चाहिए इस बात की भी पूरी व्यवस्था उन्होंने की थी और इस तरह का विधान भी उन्होंने अपने धर्मशास्त्रों में लिख रखा था। इस बात के कई प्रमाण मनुस्मृति में मौजुद हैं। इसी आधार पर आजकल के मांगलिक ब्राह्मण भी उसी तरह की अपवित्र, भ्रष्ट किताबों को शूद्रों के सामने नहीं पढ़ते। लेकिन अब समय में कुछ परिवर्तन आ गया है। अब जब कि इसाई समझी जानेवाली अंग्रेज सरकार की धाक से शिक्षा विभाग के पेटू ब्राह्मणों को अपने मुँह से यह कहने की हिम्मत ही नहीं होगी कि वे शूद्रों को पढ़ना-लिखना नहीं सिखाएँगे। फिर भी वे लोग अपने पूर्वजों का लुच्चापन, हरामखोरी लोगों के सामने रखने की हिम्मत नहीं दिखाएँगे। उनमें आज भी यह हिम्मत नहीं है कि शूद्रों को सही समझ दे कर अपने पूर्वजों की गलतियों को स्वीकार करें और अवास्तविक महत्व न बताएँ। उनको आज भी अपने झूठे इतिहासकार पर गर्व है। वे स्कूलों में शूद्रों के बच्चों को सिर्फ काम चलाऊ व्यावहारिक ज्ञान की बातें भी नहीं पढ़ाते, लेकिन वे शूद्रों के बच्चों के मन में हर तरह की फालतू देश अभिमान, देश गर्व की बातें पढाते रहते हैं और उनको पक्के अंग्रेज 'राजभक्त' बनखाते हैं। फिर वे अंत में उन

शूद्रों के बच्चों को शिवाजी जैसे धर्मभोले, अज्ञानी शूद्र राजा के बारे में गलग-सलत बातें सिखाते रहते हैं। शिवाजी राजा ने अपना देश म्लेच्छों से (मुसलमान) मुक्त करवा कर गौ-ब्राह्मणों का कैसे रक्षण किया, इस संबंध में झूठी, मनगढ़ी कहानियाँ पढ़ा कर उन्हें खोखले स्वधर्म (ब्राह्मण-धर्म) के अभिमानी बनाते हैं। ब्राह्मणों के इसी षड्यंत्र की वजह से शूद्र-समाज की शक्ति के अनुसार जोखिम के काम करने लायक विद्वान नहीं बन पाते। इसका परिणाम यह होता है कई सभी सरकारी विभागों में ब्राह्मण कर्मचारी, अधिकारियों की ही भीड़ समा जाती है। सभी सरकारी सेवाओं का लाभ इन्हीं ब्राह्मणों को मिल जाता है। और शूद्र समाज के लोग इन सरकारी नौकरियों में, सरकारी सेवाओं में न आ पाएँ, इसलिए इतनी सफाई से, चतुराई से जुल्म-ज्यादातियाँ करते हैं कि यदि इस संबंध में पूरी-पूरी हकीकत लिखी जाए, तो कलकत्ते में नील की खेती के बागानों में काम करनेवाले मजदूरों पर अंग्रेज लोग जो जुल्म करते हैं, वह हजार में एक अधन्ना भी नहीं भर पाएगा। अंग्रेजी राज में भी चारों ओर ब्राह्मणों के हाथ में (नाम मात्र के लिए टोपीवाले) सत्ता होने की वजह से वे अज्ञानी और शूद्र रैयत को ही नहीं बल्कि सरकार को भी नुकसान पहुँचाते हैं। और वे लोग आगे सरकार को नुकसान नहीं पहुँचाएँगे इसके बारे में निश्चित रूप से भी नहीं कहा जा सकता। ब्राह्मणों के इस व्यवहार के बारे में सरकार को भी जानकारी है, फिर भी अंग्रेज सरकार अंधे का स्वाँग ले कर केवल ब्राह्मण अधिकारी कर्मचारियों के कंधों पर अपना हाथ रख कर उनकी नीति से चल रही है। लेकिन

अंग्रेज सरकार को ब्राह्मणों को इसी नीति से गंभीर खतरा पैदा होने की संभावना है, इस बात को कोई नकार नहीं सकता। तात्पर्य यह कि ब्रह्मा ने यहाँ के मूल क्षेत्रवासियों को अपना गुलाम बना लेने के बाद इतनी मस्ती में चढ़ गया था कि उपहास करने की दृष्टि से महाआरियों का नाम 'प्रजापति' रखा दिया, यह तर्क निकाला जा सकता है। किंतु ब्रह्मा के बाद आर्य लोगों का मूल नाम 'भट्ट' लुप्त हो गया और बाद में उनका नाम 'ब्राह्मण' हो गया।

परिच्छेद : आठ

[परशुराम, मातृहत्या, इक्कीस बार हमले, राक्षस, खंडेराव ने रावण की मदद ली, नवखंडों की जाणाई, सात देवियाँ (सप्त आसरा), महारों के गले का काला धागा, अतिशूद्र, अछूत, मातंग, चांडाल, महारों को पाँवों तले रौंदना, ब्राह्मणों को गंधर्व ब्याह करने की मनाही, क्षत्रिय बच्चों की हत्या, प्रभु, रामोशी, जिनगर आदि लोग, परशुराम की हार हो जाने पर उसने अपनी ही जान दे दी, और चिरंजीव परशुराम को निमंत्रण आदि के संबंध में।]

धोंडीराव : प्रजापति (ब्रह्मा) के मरने के बाद ब्राह्मणों का मुखिया कौन था?

जोतीराव : ब्राह्मणों का मुखिया परशुराम था।

धोंडीराव : परशुराम स्वभाव से कैसा था?

जोतीराव : परशुराम स्वभाव से उपद्रवी, साहसी, विनाशी, निर्दयी, मूर्ख और नीच प्रवृत्ति का था। उसने जन्म देनेवाली अपनी माता रेणुका की गरदन काटने में भी कोई संकोच महसूस नहीं किया। परशुराम शरीर से मजबूत और तिरंदाज था।

धोंडीराव : उसके शासनकाल में क्या हुआ?

जोतीराव : प्रजापति (ब्रह्मा) के मरने के बाद शेष महाअरियों ने ब्राह्मणों के जाल में फँसे हुए अपने भाइयों को गुलामी से मुक्त करने के लिए परशुराम से इक्कीस बार युद्ध किया। वे इतनी दृढ़ता से युद्ध लड़ते रहे कि अंत में उनका नाम द्वैती पड़ गया और उस शब्द का बाद में अपभ्रंश 'दैत्य' हो गया। जब परशुराम ने सभी महाअरियों को पराजित किया तब उनमें से कई महावीरों ने निराश हो कर, अपने स्नेहियों के प्रदेशों में जा कर अपने आखिरी दिन बिताए। मतलब, जेजोरी के खंडेराव ने जिस तरह रावण का सहारा लिया, उसी प्रकार नवखंडों के न्यायी और सात आश्रय आदि सभी कोंकण के निचले भूप्रदेश में जा कर छुप गए और उन्होंने वहाँ अपने आखिरी दिन बिताए। इसमें ब्राह्मणों में नफरत की भावना और भी गहरी हो गई। उन्होंने नवखंडों का जो न्यायी था, उसका नाम स्त्री के नाम पर निंदासूचक अर्थ में 'नव चिथड़ोंवाली देवी' (नऊ खणाची जानाई)[17] रख दिया और सात आश्रयों का नाम 'सात पुत्रोंवाली माता' (साती असरा) [18] रख दिया। शेष जितने महाअरियों को परशुराम ने युद्ध भूमि में कैद करके रखा, उन पर उसने कड़े प्रतिबंध लगा कर

रखा था। उन महअरियों को कभी भी ब्राह्मणों के विरुद्ध कमर नहीं कसनी चाहिए, ऐसी शपथ उनको दिलाई गई। उसने सभी के गले में काले धागे की निशानी बँधवाई और उन्हें अपने शूद्र भाइयों को छूना नहीं चाहिए ऐसा सामाजिक प्रतिबंध लगाया। बाद में परशुराम ने उन महाअरी क्षत्रियों को अतिशूद्र महार, अछूत, मातंग और चांडाल आदि नामों से पुकारने की प्रथा प्रचलित की। इस तरह के गंदे प्रचलन के लिए दुनिया में कोई मिसाल ही नहीं है। इस शत्रुतापूर्ण भावना से महार, मातंग आदि लोगों से बदला चुकाने के लिए उसने हर तरह से घटिया से घटिया तरकीबें अपनाईं। उसने अपने जाति-बिरादरी के लोगों की बड़ी-बड़ी इमारतों की नींव के नीचे कई मातंगों को उनकी औरतों के साथ खड़ा करके, उनके बेसहाय चिल्लाने से किसी की अनुकंपा होगी, इसके लिए उनके मुँह में तेल और सिंदूर डाल कर उन लोगों को जिंदा अवस्था में ही दफनाने की परंपरा शुरू की। जैसे-जैसे मुसलिमों की सत्ता इस देश में मजबूत होती गई, वैसे-वैसे ब्राह्मणों द्वारा शुरू की गई यह अमानवीय परंपरा समाप्त होती गई। लेकिन इधर महाअरियों से लड़ते-लड़ते परशुराम के इतने लोग मारे गए कि ब्राह्मणों की अपेक्षा ब्राह्मण विधवाओं की व्यवस्था किस तरह से की जाए, इसकी भयंकर समस्या ब्राह्मणों के सामने खड़ी हो गई। तब कहीं जा कर उनकी गाड़ी रास्ते पर आई। परशुराम अपने ब्राह्मण लोगों की हत्या से इतना पागल हो गया था कि उसने बाणासुर के सभी राज्यों के क्षत्रियों को समूल नष्ट करा देने के इरादे से अंत में उन महाअरी क्षत्रियों की निराधार गर्भवती विधवा औरतों को, जो अपनी जान बचाने के लिए जहाँ-तहाँ

छुप गई थीं, उन औरतों को पकड़-पकड़ कर लाने की मुहिम शुरु कर दी। इस अमानवीय शत्रुतापूर्ण मुहिम से नजर बचा कर बचे हुए नन्हें बच्चों द्वारा निर्मित कुछ कुल (वंश) इधर प्रभु[19] लोगों में मिलते हैं। इसी तरह परशुराम की इस धूमधाम में रामोशी, जिनगर, तुंबडीवाले और कुम्हार आदि जाति के लोग होने चाहिए, क्योंकि कई रस्म-रिवाज में उनका शूद्रों के मेल होता है। तात्पर्य, हिरण्यकश्यप से बली राजा के पुत्र का निर्वंश होने तक उस कुल को निस्तेज करके उनके लोगों को पूरी तरह से तहस-नहस कर दिया था। इससे अज्ञानी क्षेत्रपतियों के दिमाग पर इस तरह कि धाक जम गई कि ब्राह्मण लोग जादू विद्या में माहिर हैं। वे लोग ब्राह्मणों के मंत्रों से बहुत ही डरने लगे। किंतु इधर परशुराम की मुर्खता की वजह से, उसके धींगामस्ती से ब्राह्मणों की बड़ी हानि हुई। इसकी वजह से, सभी ब्राह्मण लोग परशुराम के नाम से घृणा करने लगे। यही नहीं, उस समय वहाँ के एक क्षेत्रपति के रामचंद्र नाम के पुत्र ने परशुराम के धनुष को जनक राजा के घर में भरी सभा में तोड़ दिया। इससे परशुराम के मन में उस रामचंद्र के प्रति प्रतिशोध की भावना घर कर गई। उसने रामचंद्र को अपने घर जानकी को ले जाते हुए देखा तो उसने रामचंद्र से रास्ते में ही युद्ध छेड़ दिया। उस युद्ध में परशुराम की करारी हार हुई। उस पराजय से परशुराम इतना शर्मिंदा हो गया कि उसने अपने सभी राज्यों का त्याग करके अपने परिवारों तथा कुछ निजी संबंधियों को साथ लिया और कोंकण के निचले भाग में जा कर रहने लगा। वहाँ पहुँचने के बाद उसको उसके द्वारा किए गए सभी बुरे कर्मों का पश्चाताप

हुआ। उस पश्चाताप का परिणाम उस पर इतना बुरा हुआ कि उसने अपनी जान कहाँ, कब, और कैसे खो दी, इसका किसी को कोई पता नहीं लग सका।

धोंडीराव : सभी ब्राह्मण-पंडित-पुरोहित अपने धर्मशास्त्रों (धर्मग्रंथ) के आधार पर यह कहते हैं कि परशुराम आदिनारायण का अवतार है। वह चिरंजीवी है। वह कभी भी मरता नही। और आप कहते हैं कि परशुराम ने आत्महत्या की है। इसका अर्थ क्या है?

जोतीराव : दो साल पहले मैंने शिवाजी महाराज के नाम एक पँवाड़ा[20] लिखा था। उस पँवाड़े के पहले छंद में मैंने कहा था कि सभी ब्राह्मणों को अपने परशुराम को न्योता दे कर बुलाना चाहिए और उसकी उपस्थिति में मेरे सामने इस बात का खुल्लमखुल्ला खुलासा करना चाहिए कि आजकल के मातंग-महारों के पूर्वज परशुराम से इक्कीस बार लड़नेवाले महाअरी क्षत्रिय थे या नहीं। इसकी सूचना ब्राह्मणों को दी गई, लेकिन वास्तविकता यह है कि उन्होंने परशुराम को न्योता दे कर नहीं बुलाया था। इससे यह बात स्पष्ट होती है कि परशुराम सचमुच में आदिनारायण का अवतार होता और चिरंजीवी होता हो ब्राह्मण ने उसको कब का खोज निकाला होता। और मेरी बात तो क्या, सारी दुनिया के ख्रिस्ती और महम्मदी लोगों के मन का समाधान करके, सभी म्लेच्छ लोगों के विद्रोह को अपनी मंत्रविद्या की सामर्थ्य से तहस-नहस करने में कोई कसर नहीं छोड़ता।

धोंडीराव: मेरे विचार से आपको स्वयं ही एक बार परशुराम को यहाँ बुलाना चाहिए। यदि परशुराम सचमुच में जिंदा है तो वह निश्चित रूप से चला आएगा। आजकल के ब्राह्मण अपने-आपको कितना भी विविध ज्ञानी होने का दावा करते हों, फिर भी उनको परशुराम के मतानुसार, भ्रष्ट और पतित ही मानना चाहिए। इस बात के लिए प्रमाण यह है कि अभी अभी कई ब्राह्मणों ने शास्त्रविधि के अनुसार करेले खाने का निषेध किया है। लेकिन धर्म-शास्त्रों द्वारा निषिद्ध ठहराए गए मालियों के द्वारा सींचे गए पानी से उत्पन्न गाजरों को छुप-छुप कर खाने की होड़ ब्राह्मणों ने लगा दी थी।

जोतीराव : ठीक है। जो भी कुछ क्यों न हो।

मुकाम सब जगह

चिरंजीव परशुराम अर्थात आदिनारायण के

अवतार को

तात, परशुराम!

तुम ब्राह्मणों के ग्रंथों की वजह से चिरंजीवी हो। करेला कड़वा क्यों न हो, किंतु तुमने विधिपूर्वक करेले खाने का निषेध नहीं किया है। परशुराम, तुमको पहले जैसे मछुओं की लाश से दूसरे नए ब्राह्मण पैदा करने की गरज नहीं पड़ेगी, क्योंकि आज यहाँ तुम्हारे द्वारा पैदा किए गए जो ब्राह्मण हैं, उनमें कई ब्राह्मण विविधज्ञानी हो गए हैं। अब

तुम्हें उनको बहुत ज्यादा ज्ञान देने की भी आवश्यकता नहीं रहेगी। इसलिए हे परशुराम! तुम यहाँ आ जाओ और जिन ब्राह्मणों ने शूद्र मालियों द्वारा खेत में उत्पन्न गाजरों को छुप-छुप कर खाया है, उन सभी ब्राह्मणों को चंद्रायन प्रायश्चित दे कर, उन पर तुम वेदमंत्रों के जादू की सामर्थ्य से पहले जैसे कुछ चमत्कार अंग्रेज, फ्रेंच आदि लोगों का दिखा दो, बस हो जाएगा। हे परशुराम, तुम इस तरह मुँह छुपा कर, भगोड़ा बन कर मत घूमा करो। तुम इस नोटिस की तारीख से छह माह के भीतर-भीतर यहाँ पर उपस्थित हो सके, तब मैं ही नहीं, सारी दुनिया के लोग, तुम सचमुच में आदिनरायण के अवतार हो, ऐसा समझेंगे और लोग तुम्हारा सम्मान करेंगे। लेकिन यदि तुम ऐसा न कर सके तो यहाँ के महार-मातंग हमारे म्हसोबा[21] के पीछे छुप कर बैठे हैं। वे लोग तुम्हारे विविधज्ञानी कहलानेवाले ब्राह्मण बच्चों को खींच कर बाहर ले आएँगे और उनके भांडो के इकतारा (तुनतुना, एकतारी वाद्य)का तार टूट जाएगा औरा उनकी झोली में पत्थर गिर जाएँगे। फिर उन्हें विश्वामित्र जैसे भूखे, कंगाल रहने पर इतनी मजबूरी का सामना करना पड़ेगा कि उनको कुत्ते का मांस भी खाना पड़ सकता है। इसलिए हे परशुराम, तुम अपने विविधज्ञानी ब्राह्मणों पर रहम खाओ, ताकि उन पर विपत्ति के पहाड न टूट पड़े।

तुम्हारा सत्यरूप देखनेवाला

जोतीराव गोविंदराव फुले

तारीख 1 ली

महीना अगस्त

सन 1872

पूना, जूनागंज

मकान नं. 527

परिच्छेद : नौ

[वेदमंत्र, जादू का प्रभाव, अनछर पढ़ कर मारना, भक्ति का दिखावा करना, जप, चार वेद, ब्रह्मजाल, नारदशाही, नया ग्रंथ, शूद्रों को पढ़ने-पढ़ाने पर पाबंदी, भागवत और मनुसंहिता में असमानता आदि के संबंध में।]

धोंडीराव : सचमुच में आपने उनके मूल पर ही प्रहार किया है। आपके कहने के अनुसार परशुराम मर गया और क्षेत्रपतियों के मन पर ब्राह्मणों के मंत्रों का प्रभाव कैसे पड़ा, कृपया आप इस बात को हमें जरा समझाइए।

जोतीराव : क्योंकि उस समय ब्राह्मण लोग युद्ध में हर एक शस्त्र पर मंत्रविधि करके उन शस्त्रों में प्रहार की क्षमता लाए बगैर उनका प्रयोग शत्रु पर करते नहीं थे। उन्होंने इस तरह से जब कई दाव-पेंच लड़ा कर बाणासुर की प्रजा और उसके राजकुल को धुल में मिला दिया, उस समय बड़ी आसानी से शेष सभी भोले-भाले क्षेत्रपतियों के दिलो-दिमाग पर

ब्राह्मणों की विद्या का डर फैल गया था। इसका प्रमाण इस तरह से दिया जा सकता है कि 'भृगु नाम के ऋषि ने जब विष्णु की छाती पर लात मारी, तब विष्णु ने (उनके मतानुसार आदिनारायण) ऋषि के पाँव को तकलीफ हो गई होगी, यह समझ कर उसने ऋषि के पाँव की मालिश करना शुरु किया। अब इसका सीधा-सा अर्थ स्वार्थ से जुड़ा हुआ है। वह यह है कि, जब साक्षात आदिनारायण ही, जो स्वयं विष्णु है, ब्राह्मण की लात को बर्दाश्त करके उसके पाँव की मालिश की अर्थात सेवा की, तब हम जो शूद्र लोग हैं, (उनके कहने के अनुसार शूद्र प्राणी) यदि ब्राह्मण अपने हाथों से या लातों से मार-पीट कर हमारी जान भी ले ले, तब भी हमें विरोध नहीं करना चाहिए।

धोंडीराव : फिर आज जिन नीची जाति के लोगों के पास जो कुछ जादूमंत्र विद्या है, उसको उन्होंने कहाँ से सीख लिया होगा?

जोतीराव : आजकल के लोगों के पास जो कुछ अनछर पढ़ने की, मोहिनी देने की बंगाली जादूमंत्र विद्या है, उसको उन्होंने केवल वेदों के जादूमंत्र विद्या से नहीं लिया होगा, ऐसा कोई भी नहीं कह सकता है: क्योंकि अब जब उसमें बहुत हेरफेर हुई है बहुत शब्दों के उच्चारणों का अपभ्रंश हुआ है फिर भी उसके अधिकांश मंत्रो और तंत्रों में 'ओम् नमो, ओम् नम: ओम् ह्रीं ह्रीं नम:' आदि वेदमंत्रों के वाक्यों की भरमार है। इससे यह प्रमाणित होता है कि ब्राह्मणों के मूल पूर्वजों ने इस देश में आने के बाद बंगाल में

सबसे पहले अपनी बस्ती बसाई होगी। उसके बाद उनकी जादू मंत्र-विद्या वहाँ से चारों ओर फैली होगी। इसलिए इस विद्या का नाम बंगाली विद्या पड़ा होगा। इतना ही नहीं, बल्कि आर्यों के पूर्वज आज के अनपढ़ लोगों की तरह अलौकिक (चमत्कार) शक्ति का (देव्हारा घुमविणारे) प्रदर्शन करनेवाले लोगों को ब्राह्मण कहा जाता था। ब्राह्मण-पुरोहित लोग सोमरस नाम की शराब पीते थे और उस शराब के नशे में बड़बड़ाते थे और कहते थे कि 'हम लोगों के साथ ईश्वर (परमात्मा, देव) बात करता है।' उनके इस तरह के कहने पर अनाड़ी लोगों का विश्वास जम जाता था, उनके प्रति श्रद्धा उत्पन्न होती थी, थोड़ा डर भी उत्पन्न होता था। इस तरह वे इन अनाड़ी लोगों को डरा-धमका कर उनको लूटते थे। इस तरह की बातें उनके ही वेद-शास्त्रों से सिद्ध होती है। [22] उसी अपराधी विद्या के आधार पर इस प्रगतिशील, आधुनिक युग में आज के ब्राह्मण पंडित पुरोहित अपना और अपने परिवार का पेट पालने कि लिए जप, अनुष्ठान, जादू–मंत्र विद्या के द्वारा अनाड़ी माली, कुनबियों को जादू का धागा बाँध कर उनको लूटते हैं, फिर भी उन अनाड़ी अभागे लोगों को उन पाखंडी, धूर्त मदारियों की (ब्राह्मण-पंडित-पुरोहितों की) जालसाजी पहचानने के लिए समय भी कहाँ मिल रहा है। क्योंकि ये अनाड़ी लोग दिन-भर अपने खेत में काम में जुते रहते हैं और अपने बाल-बच्चों का पेट पालते हुए सरकार को लगान देते-देते उनकी नाक में दम चढ़ जाता है।

धोंडीराव : मतलब, जो ब्राह्मण यह शेखी बघारते हैं कि मुँह से चार वेद निकले हैं, वेद स्वयंभू है, उनके कहने में और आपके कहने में कोई तालमेल नहीं है?

जोतीराव : तात, इन ब्राह्मणों का यह मत पूरी तरह से मिथ्या है; क्योंकि यदि उनका कहना सही मान लिया जाए, तब ब्रह्मा के मरने के बाद ब्राह्मणों के कई ब्रह्मर्षियों या देवर्षियों द्वारा रचे गए सूक्त ब्रह्मा के मुँह से स्वयंभू निकले हुए वेदों में क्यों मिलते हैं? उसी प्रकार चार वेदों की रचना एक ही कर्ता द्वारा एक ही समय में हुई है, यह बात भी सिद्ध नहीं होती। इस बात का मत कई यूरोपियन परोपकारी ग्रंथकारों ने सिद्ध करके दिखाया है।

धोंडीराव : तात, फिर ब्राह्मण पंडितों ने यह ब्रह्मघोटाला कब किया है?

जोतीराव : ब्रह्मा के मरने के बाद कई ब्रह्मर्षियों ने ब्रह्मा के लेख को तीन हिस्सों में विभाजित किया। मतलब, उन्होंने उसके तीन वेद बनाए। फिर उन्होंने उन तीन वेदों में भी कई प्रकार की हेराफेरी की। उनको पहले की जो कुछ गलग-सलत व्यर्थ की बातें मालूम थीं, उन पर उन्होंने उसी रंग-ढंग की कविताएँ रच कर उनका एक नया चौथा वेद बनाया। इसी काल में परशुराम ने बाणासुर की प्रजा को बेरहमी से धूल खिलाई थी। इसीलिए स्वाभाविक रूप से ब्राह्मण-पुरोहितों के वेदमंत्रादि जादू का प्रभाव अन्य सभी क्षेत्रपतियों के दिलो-दिमाग पर पड़ा। यही मौका देख कर नारद

जो हिजड़ों की तरह औरतों में ही अक्सर बैठता उठता था, उसने रामचंद्र और रावण, कृष्ण और कंस तथा कौरव और पांडव आदि सभी भोले-भाले क्षेत्रपतियों के घर-घर में रात और दिन चक्कर लगाना शुरू कर दिया था। उसने उनके बीवी बच्चों को कभी अपने इकतारे (वीणा) से आकर्षित किया तो सभी इकतारे के तार को तुनतुन बजा कर और उनके सामने थइ थइ नाचते हुए तलियाँ बजाई और उनको आकर्षित किया। इस तरह का स्वाँग रच कर और इन क्षेत्रपतियों को, उनके परिवारों को ज्ञान का उपदेश देने का दिखावा करके अंदर ही अंदर उनमें आपस में एक दूसरे की चुगलियाँ लगा कर झगड़े लगवा दिया और सभी ब्राह्मण पुरोहितों को उसने आबाद-आजाद करा दिया। इसका परिणाम यह हुआ कि ब्राह्मण ग्रंथकारों ने उस काल में सभी लोगों की नजरों में धूल झोंक कर वेदमंत्रों के जादू और उससे संबंधित सारी व्यर्थ बातों का मिलाप करवा कर कई स्मृतियाँ, संहिताएँ, धर्मशास्त्र, पुराण आदि बड़े-बड़े ग्रंथों में उन्होंने अपने घरों की चारदीवारों के अंदर बैठ कर के ही लिख डाला और उन ग्रंथों में उन्होंने शूद्रों पर ब्राह्मण लोगों के स्वामित्व का समर्थन किया है। उन्होंने उन ग्रंथों में हमारे खानदानी सिपाहगरी के रास्ते में कटीला खंबा गाड़ दिया और अपनी नकली धार्मिकता का लेप लगा दिया। फिर उन्होंने यह सारा ब्रह्मच्छल बाद में फिर कभी शूद्रों के ध्यान में भी न आने पाए, इस डर से उन ग्रंथों में मनचाहे परिवर्तन करने की सुविधा हो, इसलिए शूद्रों को ज्ञान-ध्यान से पूरी तरह दूर रखा। पाताल में दफनाए गए शूद्रादि लोगों में से किसी को भी पढ़ना-लिखना नहीं सिखाना

चाहिए, इस तरह का विधान मनुसंहिता जैसे ग्रंथों में बहुत ही सूझ-बूझ और प्रभावी ढंग से लिख कर रखा है।

धोंडीराव : तात, क्या भागवत भी उसी समय में लिखा गया होगा?

जोतीराव : यदि भागवत उसी समय लिखा गया होता तो सबके पीछे हुए अर्जुन के जन्मेजय नाम के पड़पोते की हकीकत उसमें कभी न आई होती।

धोंडीराव : तात, आपका कहना सही है। क्योंकि उसी भागवत में कई पुरातन कल्पित व्यर्थ की पुराणकथाएँ ऐसी मिलती हैं कि उससे इसप-नीति हजारों गुणा अच्छी है, यह मानना पड़ेगा। इसप नीति में बच्चों के दिलो-दिमाग को भ्रष्ट करनेवाली एक भी बात नहीं मिलेगी।

जोतीराव : उसी तरह मनुसंहिता भी भागवत के बाद लिखी गई होगी, यह सिद्ध किया जा सकता है।

धोंडीराव : तात, इसका मतलब यह कैसे होगा कि मनुसंहिता भागवत के बाद में लिखी गई होगी?

जोतीराव : क्योंकि भागवत के वशिष्ठ ने, इस तरह की शपथ ली कि मैंने हत्या नहीं की है। सुदामन राजा के सामने लेने की शपथ मनु ने अपने ग्रंथ के 8वें अध्याय के 110 वें श्लोक में कैसे ली है? उसी प्रकार विश्वमित्र ने आपातकाल में कुत्ते का मांस खाने के संबंध में जो कहा है,

उसी ग्रंथ के 10वें अध्याय के 108वें श्लोक में क्यों लिखा है? इसके अलावा भी मनुसंहिता में कई असंगत बातें मिलती हैं।

परिच्छेद : दस

[दूसरा बलि राजा, ब्राह्मण धर्म की दुर्दशा, शंकराचार्य की बनावटी बातें, नास्तिक मान्यता, निर्दयता, प्राकृत ग्रंथकर्ता, कर्म और ज्ञानमार्ग, बाजीराव पेशवा, मुसलिमों से नफरत और अमेरिकी तथा स्कॉच उपदेशकों ने ब्राह्मणों के कृत्रिम किले की दीवारें तोड़ दीं, आदि के संबंध में।]

धोंडीराव : तात, अब तो चरम सीमा हो गई, क्योंकि आपने शिवाजी के पँवाड़े की प्रस्तावना में यह लिखा था और सिद्ध किया था कि चार घर की चार ग्रंथकर्ता ब्राह्मण लड़कियों ने मिल कर घर की कोठरी में झूठ-फरेबी का खेल खेला।

जोतीराव : किंतु आगे जब एक दिन (दलितों) का दाता; समर्थक, महापवित्र, सत्यज्ञानी, सत्यवक्ता बलि राजा इस दुनिया में पैदा हुआ, तब उसने हम सभी को पैदा करनेवाला, हम सबका निर्माणकर्ता महापिता जो है, उसका उद्देश्य जान लिया। निर्माणकर्ता द्वारा दिए गए सत्यमय पवित्र ज्ञान और अधिकार को उपभोग करने का समान अवसर सबको प्राप्त हो, इसलिए उस बलि राजा ने अपने दीन, दुर्बल और शोषित भाइयों को सभी ब्राह्मणों की अर्थात बनावटी,

दुष्ट, धूर्त, मतलबी बहेलियों की गुलामी से मुक्त करके, न्याय पर आधारित राज्य की स्थापना करके अपनी जेष्ठ महिलाओं के भविष्य की आकांक्षाओं को कुछ हद तक पूरा किया, यह कहा जा सकता है। तात, जहाँ मिस्टर टॉम्स पेंस जैसे बड़े-बड़े विद्वानों के पूर्वजों ने इस बलि राजा के प्रभाव में आ कर अपने पीछे की सारी बलाएँ दूर करके सुखी हुए अंत में जब उस बलि राजा को (ईसा मसीह) चार दुष्ट लोगों ने सूली पर चढ़ाया, उस समय सारे यूरोप में बड़ा तहलका मच गया था। करोड़ों लोग उसके अनुयायी हो गए और वे अपने निर्माणकर्ता के शासन के अनुसार इस दुनिया में केवल उन्हीं का सत्ता कायम हो, इस दिशा में रात और दिन प्रयत्नशील रहे। लेकिन इसी समय इस क्षेत्र में कुछ स्वस्थ वातावरण होने की वजह से यहाँ के कई बुद्धिमान खेतिहरों और किसानों ने उस घर की कोठरी के अंदर की नादान लड़कियों के झूठ-फरेबी खेल को ही तहस-नहस कर दिया। मतलब सांख्यमुनि जैसे बुद्धिमान सत्पुरुषों ने ब्राह्मणों के वेदमंत्र, जादूविधि के अनुसार चमत्कार का प्रदर्शन किया। उसने उन ब्राह्मणों को भी अपने धर्म का अनुयायी बनाया जो पशुओं की बलि चढ़ा करके उत्सव यात्रा के बहाने गोमांस-भक्षण करते थे। उसी प्रकार जो ब्राह्मण घमंडी, पाखंडी, स्वार्थी, दुराचारी आदि दुर्गुणों से युक्त थे और जिन ग्रंथों में जादूमंत्रों के अलावा और कुछ नहीं था, ऐसे ग्रंथों पर तेल काजल का लेप लगा कर अर्थात् उन ग्रंथों को नकारते हुए उसने अधिकांश ब्राह्मणों को होश में लाया। लेकिन उनमें से बचे-खुचे शेष कुतर्की ब्राह्मण कर्नाटक में भाग जाने के बाद उन लोगों में शंकराचार्य नाम

अपना कर एक तरह से वितंडावादी विद्या जाननेवाला महापंडित पैदा हुआ। उस ब्राह्मणवादी पंडित ने जब यह देखा कि अपने ब्राह्मण जाति के दुष्ट कर्म की धूर्तता की सभी ओर निंदा हो रही है, थ-थू हो रही है और बुद्ध के धर्म का चारों ओर प्रचार हो रहा है, तो उसने यह भी देखा कि अपने लोगों का (ब्राह्मण-पंडित-पुरोहित) पेट पालने का धंधा ठीक से नहीं चला रहा है, इसलिए उसने नया ब्रह्मजाल खोज निकाला। जिन दुष्ट कर्मों की वजह से उनके वेदों सहित सभी ग्रंथों का बौद्ध जनता ने निषेध किया था, उसका उस शंकराचार्य ने बड़ी गहराई से अध्ययन किया और बौद्धों ने जिन बातों के लिए ब्राह्मणों की आलोचना की थी, उसने उनमें केवल गोमांस खाना और शराब पीना निषिद्ध मान लिया। लेकिन उसने बाद में अपने सभी ग्रंथों में थोड़ी बहुत हेराफेरी करके उन सभी में मजबूती लाने के लिए एक नए मत-वाद की स्थापना की। शंकाराचार्य की उस विचारधारा को वेदांत का ज्ञानमार्ग कहा जाता है।

बाद में उसने वहाँ शिवलिंग की स्थापना की। इस देश में जो तुर्क आए थे, उसने हिंदुओं के एक वर्ण क्षत्रियों में उन्हें शामिल कर लिया। फिर उसने उनकी मदद से मुसलिमों की तरह तलवार के बल पर बौद्धों को पराजित किया और फिर पुनः उसने अपनी उस शेष जादू-मंत्र विद्या और भागवत की व्यर्थ की पुराण कथाओं का प्रभाव अज्ञानी शूद्रों के दिलों-दिमाग पर थोप दिया। शंकराचार्य के इस हमले में उसके लोगों ने बौद्ध धर्म के कई लोगों को तेली के कोल्हू में ठूँस-ठूँस करके मौत के घाट उतार दिया। इतना ही नहीं,

शंकराचार्य के लोगों ने बौद्धों के असंख्य मौलिक और अच्छे-अच्छे ग्रंथों को जला दिया। उसने उनमें से केवल अमरकोश जैसा ग्रंथ अपने उपयोग के लिए बचाया। बाद में जब उस शंकराचार्य के डरपोक चेले पंडित-पुरोहितों की तरह दिन में ही मशालों को जला कर, डोली में सवार हो कर, चारों ओर सधवा नारी की तरह नोक-झोंक करके नाचते हुए घूमने लगे तो ब्राह्मणों को नंगा नाच करने की पूरी स्वतंत्रता मिल गई। उसी समय मुकुंदराज, ज्ञानेश्वर, रामदास आदि जैसे पायली के पचास ग्रंथकार हुए और बेहिसाब, बेभाव बिक गए। लेकिन उन ब्राह्मण ग्रंथकारों में किसी एक ने भी शूद्रादि-अतिशूद्रों के गले की गुलामी की जंजीरे तोड़ने की हिम्मत नहीं दिखाई, क्योंकि उनमें उन सभी दुष्ट कर्मों का खुलेआम त्याग करने की हिम्मत नहीं थी। इसलिए उन्होंने उन सभी दुष्ट कर्मों को कर्म मार्ग और नास्तिक मतों का ज्ञानमार्ग - इस तरह के दो भेद करके उन पर कई पाखंडी, निरर्थक ग्रंथों की रचना की। इस तरह उन्होंने अपनी जाति के स्वार्थों का जी-जान से रक्षण किया और अज्ञानी शूद्रों से लूट-खसोट करके अपनी जाति को खूब खिलाया-पिलाया। लेकिन बाद में उन्होंने पूरी लज्जा-शर्म छोड़ दी और हर रात को जो कुकर्म नहीं करना चाहिए, उसको भी करने लगे। फिर ब्राह्मण लोगों को दिन के एक चौथाई समय गुजरने तक मुसलिमों का मुँह न देखना चाहिए, रजस्वला स्त्री की तरह घर में ही मांगलिक अवस्था में रहनेवाले ऐसे लोग बाजीराव के दरबार में इकट्ठे होते थे। लेकिन अब समय ने करवट ले ली थी। पहले दिन के बीतने और दूसरे दिन के प्रारंभ में सभी मेहनतखोर ब्राह्मणों को

ऐयाशी और गुलछर्रे उड़ाने के लिए जो सुख-सुविधाएँ मिलनेवाली थीं, उसके पहले ही अंग्रेज बहादुरों का झंडा चारों ओर लहराने लगा। उसी समय उस बलि राजा के अधिकांश अनुयायी अमेरिकी और स्कॉच उपदेश ने (मिशनरी) अपने-अपने देश की सरकारों की किसी भी प्रकार की परवाह न करते हुए इस देश में आए। बलि राजा ने जो सही उपदेश दिया था, उसे सभी नकली, दुष्ट, धूर्त ब्राह्मणों को प्रमाण द्वारा सिद्ध करके दिखाया और उन्होंने कई शूद्रों को ब्राह्मणों की इस अत्यंत अमानवीय गुलामी से मुक्त किया। उन्होंने शूद्रों के (शूद्रादि अतिशूद्र) गले में ब्राह्मणों द्वारा सदियों से टाँगी हुई गुलामी की बेड़ियों को तोड़ दिया और उन गुलामी की बेड़ियों को ब्राह्मणों के मुँह पर फेंक मारा। उस समय अधिकांश ब्राह्मण समझ गए कि, अब वे खिस्ती उपदेशक (मिशनरी) उनका प्रभाव अन्य शूद्रों पर बिलकुल टिकने नहीं देंगे। वे उनके सारे ढोल के पोल खोल के रख देंगे, यह उनकी पक्की समझ हो गई थी। इसी डर की वजह से उन्होंने बलि राजा के अनुयायी उपदेशकों और अज्ञानी शूद्रों में साँठ-साँठ, मेल-मिलाप हो और उन दोनों में गहरी पहचान बने, इससे पहले ही बलि राजा के अनुयायी उपदेशकों और अंग्रेज सरकार को इस देश से ही भगा देने के इरादे से कई हथकंडे अपनाए। कई ब्राह्मणों ने अपनी खानदानी पाखंडी (वेद) विद्या कि मदद से अज्ञानी शूद्रों को उपदेश देना शुरू कर दिया, जिससे उनके मन में अंग्रेज सरकार के प्रति घृणा और नफरत की भावना जाग जाए। लेकिन दूसरी तरफ कुछ ब्राह्मणों ने विद्या प्राप्त की और उसके माध्यम से ब्राह्मणों के कुछ लोग

बाबू, क्लर्क हुए और अन्य अन्य सरकारी सेवाओं में गए। इस तरह से ब्राह्मण लोग कई प्रकार का सरकारी काम अपना कर सभी प्रकार की सरकारी नौकरियों में पहुँचे। अंग्रेजों का सरकारी या घरेलू ऐसा एक भी काम नहीं है जहाँ ब्राह्मण न पहुँचे हों।

परिच्छेद : ग्यारह

[पुराण सुनाना, झगड़ाखोरी का परिणाम, शूद्र, संस्थानिक, कुलकर्णी, सरस्वती की प्रार्थना, जप, अनुष्ठान, देवस्थान, दक्षिणा, बड़े कुलनामों की सभाएँ आदि के संबंध में]

धोंडीराव : तात, यह बात पूरी तरह सत्य है कि इन अधर्मी मदारियों के (ब्राह्मणों के) झगड़ालू पूर्वजों ने इस देश में आ कर हमारे आदि पूर्वजों को (मूल निवासियों को) पराजित किया। फिर उन्होंने उनको अपना गुलाम बनाया। फिर उन्होंने अपनी बाहुओं को प्रजापति बनाया और उनके माध्यम से उन्होंने जहाँ-तहाँ दहशत फैलाई। इसमें उन्होंने अपना कोई बहुत बड़ा पुरूषार्थ दिखाया है इस बात को मैं कदापि स्वीकार नहीं कर सकता। यदि हमारे पूर्वजों ने ब्राह्मणों के पूर्वजों को पराजित किया होता, तब हमारे पूर्वज ब्राह्मणों के पूर्वजों को अपना गुलाम बनाने में क्या सचमुच में कुछ आनाकानी करते? तात, छोड़ दीजिए इस बात को। बाद में फिर जब ब्राह्मणों ने अपने उन पूर्वजों की धींगामस्ती को, मौका देख कर ईश्वरी धर्म का रूप दे दिया और उस नकली धर्म की छाया में कई ब्राह्मणों ने तमाम अज्ञानी शूद्रों

के दिलो-दिमाग में हमारी दयालु, अंग्रेज सरकार के प्रति पूरी तरह से नफरत पैदा करने की कोशिश की, मतलब वे कौन सी बातें थीं?

जोतीराव : कई ब्राह्मणों ने सार्वजनिक स्थानों पर बनवाए गए हनुमान मंदिरों में रात-रात बैठ कर बड़ी धार्मिकता का प्रदर्शन किया। वहाँ उन्होंने दिखावे के लिए भागवत जैसे ग्रंथों की दकियानुसी बातें अनपढ़ शूद्रों को पढ़ाई और उनके दिलो-दिमाग में अंग्रेजों के प्रति नफरत की, घृणा की भावना पैदा की। इन ब्राह्मण पंडितों ने उन अनपढ़ शूद्रों को मंदिरों के माध्यम से यही पढ़ाया कि बलि के मतानुयायियों की छाया में भी खड़े नहीं रहना चाहिए। उनका इस तरह का नफरत भरा उपदेश क्या सचमुच में अकारण था? नहीं, बिलकुल अकारण नहीं था; बल्कि उन ब्राह्मणों ने समय का पूरा लाभ उठा कर उसी ग्रंथ की बेतुकी बातें पढ़ा कर सभी अनपढ़ शूद्रों के मन में अंग्रेजी राज के प्रति नफरत की भावना के बीज बो दिए। इस तरह उन्होंने इस देश में बड़ी-बड़ी धींगामस्ती को पैदा किया है या नहीं?

धोंडीराव : हाँ, तात, आपका कहना सही है। क्योंकि आज तक जितनी भी धींगामस्ती हुई है, उसमें भीतर से कहो या बाहर से, ब्राह्मण-पंडित-पुरोहित वर्ग के लोग अगुवाई नहीं कर रहे थे, ऐसा हो ही नहीं सकता। इस द्रोह का पूरा नेतृत्व वे ही लोग कर रहे थे। देखिए, उमा जी रामोशी [23] की धींगामस्ती में काले पानी की सजा भोगनेवाले धोंडोपंत नाम के एक (ब्राह्मण) व्यक्ति का नाम आता है।

उसी प्रकार कल-परसों के चपाती संग्राम में परदेशी ब्राह्मण पांडे, कोंकण का नाना (पेशवे), तात्या टोपे आदि कई देशस्थ [24] ब्राह्मणों के ही नाम मिलते हैं।

जोतीराव : लेकिन उसी समय शूद्र संस्थानिक शिंदे, होलकर आदि लोग नाना फड़णीस से कुछ हद तक सेवक की हैसियत से संबंधित थे। उन्होंने उस धींगामस्ती करनेवालों की कुछ भी परवाह नहीं की और उस मुसीबत में हमारी अंग्रेज सरकार को कितनी सहायता की, इस बात को भी देखिए। लेकिन अब इसे छोड़ दीजिए। इन बातों से हमारी सरकार को ब्राह्मणों की उस धींगामस्ती को तहस-नहस करने की लिए बड़े भारी कर्ज का बोझ भी उठाना पड़ा होगा और उस कर्ज के बोझ को चुकाने के लिए पर्वती [25] जैसे फिजूल संस्थान की आय को हाथ लगाने की बजाय हमारी सरकार ने नए करों का बोझ किस पर डाल दिया? अपराधी कौन हैं और अपराध न करनेवाले लोग कौन हैं? इसकी पहचान किए बगैर ही सरकार ने सारी जनता पर कर (लगान) लगा दिया; किंतु यह इन बेचारे अनपढ़ शूद्रों से वसूल करने का काम हमारी इस मूर्ख सरकार ने किसके हाथों में सौंप दिया, इस बात पर भी हमको सोचना चाहिए। ब्राह्मण लोग अंदर ही अंदर शूद्र संस्थानिकों से जी-जान से इसलिए गाली-गलौज कर रहे थे क्योंकि उन्होंने इनकी जाति के नाना फड़णीस को उचित समय पर मदद नहीं की, जिसकी वजह से उसकी अंग्रेजों के साथ लड़ते हुए पराजय हुई। अंग्रेज सरकार ने उन लोगों के हाथ में कर-वसूली का काम सौंप दिया, जो शूद्र संस्थानिकों से जी भर कर गाली-गलौज करनेवाले थे, दिन में तीन बार

स्नान करके मांगल्यता का ढिंढोरा पिटनेवाले थे, धनलोलुप और ब्रह्मनिष्ठ ब्राह्मण कुलकर्णी थे। अरे, इन कामचोर ग्रामराक्षसों को (ब्राह्मण कर्मचारी), इन मूल ब्रह्मराक्षसों को जिस दिन से सरकारी काम की जिम्मेदारी दे दी गई, उस दिन से उन्होंने शूद्रों की कोई परवाह नहीं की। किसी समय मुसलिम राजाओं ने गाँव के सभी पशुओं पक्षियों की गरदनों को छुरी से काट कर उनको हलाल करने का हुक्म अपनी जाति के मौलानाओं को सौंप दिया था। लेकिन उनकी तुलना में देखा जाए तो स्पष्ट रूप से पता चल जाएगा कि ब्राह्मण-पंडितों ने अपने कलम की नोक पर शूद्रों की गरदनें छाँटने में उस मौलाना को भी काफी पीछे धकेल दिया है, इसमें कोई दो राय नहीं है। इसीलिए तमाम लोगों ने सरकार की बिना परवाह किए इन ग्रामराक्षसों को (ब्राह्मणों) को 'कलम कसाई' की जो उपाधि दी है, वह आज भी प्रचलित है। और अपनी मूर्ख सरकार उनका अन्य सभी कामगारों की तरह तबादला करने की बजाय उनकी राय ले कर अज्ञानी लोगों पर लगान (कर) मुकर्रर करने की कारण नोटिस तैयार करती है। बाद में उसी कुलकर्णी को सभी शूद्र किसानों के घर-घर पहुँचाने के बाद उनसे मिलनेवाले कुलकणियों की सिर्फ स्वीकृति ले कर सरकार उनमें से कई नोटिसों को खारिज कर देती और अनपढ़ लोगों पर लगान बहाल कर देती है। अब इसको कहें भी क्या?

धोंडीराव : क्या, ऐसा करने से कुलकर्णियों को कुछ लाभ भी होता होगा?

जोतीराव : उससे उन कुलकर्णियों को कुछ फायदा होता होगा या नहीं, यह वे ही जानते हैं। लेकिन उनको यदि किसी वाहियात फतूरिया से कुछ लाभ न भी होता हो, फिर भी वे उन पर इस तरह की नोटिस भिजवा कर कम से कम चार आठ दिन की रूकावट निश्चित रूप से पैदा करते होंगे और आने जाने में सारी शक्ति खर्च करवाते होंगे, इसमें कोई संदेह नहीं। वे उन पर अपना रुतबा जमा करके कामों की उपेक्षा करते होंगे। बाद में उन्होंने शेष सभी काम बगुला भगत कि तरह पूरी आत्मीयता से किया होगा। इसलिए सभी अनपढ़ छोटे-बड़े लोगों और शंकराचार्य जैसे लोगों ने लक्ष्मी की स्तुति की कि 'हे हमारी सरकारी सरस्वती मैया, तू अपने कानून से रोकती है और लाच खानेवालों को और उसी तरह लाचार हो कर लाच देनेवाले को दंड देती है, इसलिए तू धन्य है।' इसलिए कई लोग प्रसन्न हुए और उन्होंने कुछ कुलकर्णियों के घरों पर कई दिनों तक लगातार पैसों की बारिश बरसाई। कुछ लोगों ने इसके खिलाफ शोर मचाया। यदि यह बात सच है तब उसकी पूरी जाँच-पड़ताल करनी चाहिए और ऐसे हरामखोर कुलकर्णियों को किसी गधे पर बैठा कर उनको गाँवों के तमाम रास्तों से घुमाने का काम अपनी सरकार का है।

धोंडीराव : तात, सुनिए। ब्राह्मणों ने जो टेढ़ी-मेढ़ी हलचल शुरू की थी, उसको कुछ बुद्धिमान गृहस्थों ने अब अच्छी तरह पहचान लिया है, और उस बलि राजा (अंग्रेज सरकार) को अधिकारियों को, मुखिया को इस चालबाजी से अवगत कराया गया। फिर भी सरकार उन पहरेदारों की आँखों में धूल झोंक कर ऐसे कलम-कसाइयों को प्रसन्न करने में

लगी हुई है। आज के ब्राह्मणों में कई लोग ऐसे हैं जो शूद्रों के श्रमरुप लगान की वजह से बड़े-बड़े विद्वान हुए हैं। लेकिन वे इस उपकार के लिए शूद्रों के प्रति किसी भी प्रकार की कृतज्ञता प्रदर्शित नहीं करते; बल्कि उन्होंने कुछ दिनों तक मनचाहे मौजमस्ती की है और अंत में अपनी मांगल्यता का दिखावा करके यह भी सिद्ध करने की कोशिश की है कि उनकी वेदमंत्रादि जादूविद्या सही है। इस तरह कि झूठी बातों से उन्होंने शूद्रों के दिलो दिमाग पर प्रभाव कायम किया। शूद्रों को उनका पिछलग्गू बनना चाहिए, इसके लिए न जाने किस-किस तरह के पाँसे फेंके होंगे। उन्होंने शूद्रों को अपने पिछलग्गू बनाने की इच्छा से उन्हीं के मुँह से यह कहलवाया कि शादावल के लिंगपिंड के आगे या पीछे बैठ कर किराए पर बुलाए गए ब्राह्मण पुरोहितों के द्वारा जप, अनुष्ठान करवाने की वजह से इस साल बहुत बारिश हुई और महमारी का उपद्रव भी बहुत कम हुआ। इस जप अनुष्ठान के लिए आपस में रूपया पैसा भी इकट्ठा किया था। इस तरह उन्होंने जप, अनुष्ठान के आखिरी दिन बैलबंडी पर भात का बली राजा बनवा कर सभी प्रकार के अज्ञानी लोगों को बड़ी-बड़ी, लंबी चौड़ी झूठी खबरें दिलवा कर, बड़ी यात्राओं का आयोजन करवाया। फिर उन्होंने सबसे पहले अपनी जाति के इल्लतखोर ब्राह्मण पुरोहितों को बेहिसाब भोजन खिलाया और बाद में जो भोजन शेष बचा उसको सभी प्रकार के अज्ञानी शूद्रों की पंक्तियाँ बिठा कर किसी को केवल मुट्ठी भर भात, किसी को केवल दाल का पानी, और कइयों को केवल फाल्गुन की रोटियाँ ही परोसी गईं। ब्राह्मणों को भोजन से तृप्त कराने के

बाद उनमें से कई ब्राह्मण पुरोहितों ने उन अज्ञानी शूद्रों के दिलो दिमाग पर अपने वेदमंत्र जादू का प्रभाव कायम रखने के लिए उपदेश देना शुरू किया हो, तो इसमें कोई संदेह नहीं। लेकिन वे लोग ऐसे मौके पर अंग्रेज लोगों को प्रसाद लेने के लिए आमंत्रित क्यों नहीं करते?

जोतीराव : अरे, ऐसे पाखंडी लोगों ने इस तरह चावल के चार दाने फेंक दिए और थू-थू करके इकट्ठे किए हुए ब्राह्मण-पुरोहितों ने यदि हर तरह का रूद्र नृत्य करके भों भों किया, तब उन्हें अपने अंग्रेज बहादुरों को प्रसाद देने की हिम्मत होगी?

धोंडीराव : तात, बस रहने दीजिए। इससे ज्यादा और कुछ कहने की आवश्यकता नहीं है। एक कहावत है कि 'दूध का जला छाँछ भी फूँक-फूँक कर पीता है।' उसी तरह इस बात को भी समझ लीजिए।

जोतीराव : ठीक है। समझ अपनी-अपनी, खयाल अपना-अपना। लेकिन आजकल के पढ़े लिखे ब्राह्मण अपनी जादूमंत्र विद्या और उससे संबधित जप अनुष्ठान का कितना भी प्रचार क्यों न करें, उस मटमैले को कलई चढ़ाने का कितना भी प्रयास क्यों न करें और तमाम गली कूचों में से भोंकते हुए क्यों न फिरते रहें लेकिन अब उनसे किसी का कुछ भी कम ज्यादा होनेवाला नहीं है। लेकिन अपने मालिक के खानदान को सातारा के किले में कैद करके रखनेवाले नमकहराम बाजीराव(पेशवे) जैसे हिजड़े ब्राह्मणों ने रात और

दिन खेती में काम करनेवाले शूद्रों की मेहनत का पैसा ले कर मुँहदेखी पहले दर्जे के जवांमर्द ब्राह्मण सरदारों को सरंजाम बनाया। उन जैसे लोगों को दिए हुए अधिकारपत्र (सनद) के कारणों को देख कर फर्स्ट सॉर्ट टरक्कांड साहब जैसे पवित्र नेक कमिशनर को भी खुशी होगी, फिर वहाँ दूसरे लोगों के बारे में कहना ही क्या? उन्होंने पार्वती जैसे कई संस्थानों का निर्माण करके, उन संस्थानों में अन्य सभी जातियों के अंधे, दुर्बल लोगों तथा उनके बाल-बच्चों की बिना परवाह किए, उन्होंने (ब्राह्मणों) अपनी जाति के मोटे-ताजे आलसी ब्राह्मणों को हर दिन का मीठा अच्छा भोजन खिलाने की पंरपरा शुरू की। उसी प्रकार ब्राह्मणों के स्वार्थी नकली ग्रंथों का अध्ययन करनेवाले ब्राह्मणों को हर साल यथायोग्य दक्षिणा देने की भी पंरपरा शुरू कर दी। लेकिन खेद इस बात का है कि ब्राह्मणों ने जो पंरपराएँ शुरू की हैं, केवल अपनी जाति के स्वार्थ के लिए। उन सभी पंरपराओं को अपनी (अंग्रेज) सरकार ने जस के तस अभी तक कायम रखा है। इसमें हमको यह कहने में क्या कोई आपत्ति हो सकती है कि उसने अपनी प्रौढ़ता और राजनीति को बड़ा धब्बा लगा लिया है? उक्त प्रकार के फिजूल खर्च से ब्राह्मणों के अलावा अन्य किसी भी जाति को कुछ भी फायदा नहीं हैं; बल्कि उनके बारे में यह कहा जा सकता है कि वे हराम का खा कर मस्ताए हुए कृतघ्न साँड़ हैं। और ये लोग हमारे अनपढ़ शूद्र दाताओं को अपने चुड़ैल धर्म के गंदे पानी से अपने पाँव धो कर वही पानी पिलाते हैं। अरे, कर्मनिष्ठ ब्राह्मणों के पूर्वजों ने अपने ही धर्मशास्त्रों और मनुस्मृति के कई वाक्यों को काजल पोत कर ऐसे बुरे कर्म

कर्म कैसे किए? लेकिन अब तो उन्हें होश में आना चाहिए और इस काम के लिए अपनी भोली-भाली सरकार कुछ न सुनते हुए पार्वती जैसे संस्थानों में इन स्वार्थी ब्राह्मणों में से किसी को भी शूद्रों के पसीने से पकनेवाली रोटियाँ नहीं खानी चाहिए। इसके लिए एक जबर्दस्त सार्वजनिक ब्राह्मण सभा की स्थापना करके उनकी सहायता से इस पर नियंत्रण रखना चाहिए; जिससे उनके ग्रंथों का कुछ न कुछ दबाव पुनर्विवाह उत्तेजक मंडली पर पड़ेगा, यही हमारी भावना थी। किंतु उन्होंने इस तरह की बड़े-बड़े उपनामों की सभाएँ स्थापित करके उनके माध्यम से अपनी आँखों का मोतियाबिंद ठीक करना तो छोड़ दिया और अज्ञानी लोगों को सरकार की आँखों के दोष दिखाने की कोशिश में लगे रहे। यह हुई न बात कि 'उलटा चोर कोतवाल को डाँटे' इसको अब क्या कह सकते हैं! अब हमारे अज्ञानी सभी शूद्रों की उस बली राजा के साथ गहरी दोस्ती होनी चाहिए, इसका प्रयास करना चाहिए और उस बली राजा के सहारे से ही इनकी गुलामी की जंजीरें टूटनी चाहिए। ब्राह्मणों की गुलामी से शूद्रों को मुक्ति करने के लिए अमेरिकी स्कॉच और अंग्रेज भाइयों के साथ जो दोस्ती होने जा रही है, उसमें उन्हें कुछ दखलंदाजी करने की कोशिश नहीं करनी चाहिए। अब उनकी दौड़धूप बहुत हो गई है। अब हम उनकी गुलामी का निषेध करते हैं।

परिच्छेद : बारह

[इनामदार ब्राह्मण कुलकर्णी, यूरोपियन लोगों ने उपनिवेशों की आवश्यकता, शिक्षा विभाग के मुँह पर काला धब्बा, यूरोपियन कर्मचारियों का दिमाग कुंठाग्रस्त क्यों होता है, आदि के संबंध में]

धौंडीराव : तात, लेकिन आपने पहले कहा था कि ऐसा कोई विभाग नहीं है जिसमें ब्राह्मण न हो, फिर चाहे वह सरकारी विभाग हो या गैरसरकारी और इन सबमें मुखिया ब्राह्मण कौन है?

जोतीराव : ये सरकारी पटवारी (वतनदार) ब्राह्मण कुलकर्णी[26] हैं और इनकी जालसाजी के बारे में अधिकांश दयालु यूरोपियन कलेक्टरों को पूरी जानकारी है। इसलिए जब उसको अज्ञानी शूद्रों पर दया आई तो उन्होंने सरकार को रिपोर्ट के बाद रिपोर्ट भेज करके सभी कानूनों के द्वारा कुलकर्णियों के कदम-कदम पर बंधनों में बाँधने की कोशिश की। उनको कानूनों के माध्यम से नियंत्रित रख कर उनके अनियंत्रित व्यवहार को नियंत्रित किया गया। फिर भी इन कलम-कसाइयों का उनके मतलबी धर्म से शूद्रों के संबंध होने की वजह से शूद्रों पर प्रभाव था। इसलिए ये शैतान की तरह अपने स्वार्थी झूठे धर्म की छत्रछाया में खुले रूप में चौपाल में बैठ कर उस बलि राजा के विचारों की आलोचना करके बेचारें अनपढ़ शूद्रों के मन को क्या वे लोग दूषित नहीं करते होंगे? अगर ऐसा ना कहें, तो शूद्रों को तो बिलकुल ही न लिखना

आता है और न पढ़ना, फिर वे किस वजह से या किस कारण सरकार से इतनी नफरत करने लगे हैं? इससे बारे में यदि तुम्हें कुछ अन्य कारण मालूम हो तो मुझे जरा समझ दो। इतना ही नहीं, तो वे लोग मौका देख कर उसी चौपाल में (चावड़ी) बैठ करके किसी गैरवाजबी सरकारी कानून को ले कर उस पर कई तरह के पैने कुतर्क नहीं देते होंगे? और शूद्रों को सरकार से नफरत करनी चाहिए, इसलिए उनको क्या चोरी-चोरी पाठ नहीं पढ़ाते होंगे? और उनका एक शब्द भी अपनी सजग सरकार के कान में डाल देने के लिए शूद्र लोग क्या कँपकँपाते[27] नहीं होंगे? चूँकि सभी ऊपरी दप्तरों के कर्मचारी ब्राह्मण जाति के हैं, इसलिए अब तो अपनी सरकार को सँभालना चाहिए। सबसे पहले हर एक गाँव में इनाम दे कर, उन्हें उपदेशकों का काम सौंप देना चाहिए, साथ में यह हिदायत भी कि वे उस उस गाँव की हकीकत के बारे में करीब-करीब साल में एक रिपोर्ट सरकार को भेजते रहें। यदि इसके अनुकूल कानून बनवा कर बंदोबस्त किया गया, तब आगे किसी समय नाना पेशवे जैसे ब्राह्मण को पुन: जब किसी पीर ने मिन्नत माँगी या उसने किसी शिवलिंग कि यात्रा करके उसके द्वारा रसीला भोजन खिलाने की बजाय चमत्कारिक ढंग से तैयार की गई रोटियाँ निश्चित समय पर गाँव-गाँव में एक साथ पहुँचा कर, वह प्रसाद अनपढ़ शूद्रों को खिला कर सरकार के विरुद्ध विद्रोह करवाने की बात सूझी तो इन पटवारी (वतनदार) कुलकर्णियों की एकता बिलकुल किसी काम नहीं आएगी। इस तरह किए बगैर सभी अनपढ़ शूद्रों का अस्तित्व ही नहीं रहेगा, उनके पाँव उस धरती पर नहीं टिके

रहेंगे। इतना ही नहीं, जब वे यूरोपियन उपदेशक सभी शूद्रों को सही ज्ञान देंगे और इनकी आँखे खोल देंगे, तब ये लोग इन ग्रामराक्षसों के नजदीक भी खड़े नहीं रहेंगे। दूसरी बात यह है कि सरकार को अपने ग्राम कर्मचारी (नौकर), पटेल (चौधरी) से ले कर कुलकर्णियों तक के काम की परीक्षा लेनी चाहिए और इस तरह के महत्वपूर्ण कामों को एक ही जाति या विशिष्ट जाति के लोगों के हाथ नहीं सौंपना चाहिए। इसका परिणाम यह होगा कि फौज की तरह इस काम में कुछ विशेष अधिकार की बात पैदा नहीं होगी; बल्कि उसका पूरी तरह से बंदोबस्त हो जाएगा और सभी लोगों को पढ़ने-लिखने की इच्छा अपने-आप पैदा होगी। यदि आवश्यकता हो तो सारी हमारी दयालु सरकार को चाहिए कि शिक्षा विभाग का फिजूल खर्च एकदम बंद कर दे और यह सारा पैसा कलेक्टर के खाते में जमा कर देना चाहिए। फिर एक यूरोपियन कलेक्टर की ओर से, जॉरविस साहब की तरह किसी भी प्रकार का पक्षपात न करते हुए सभी जाति के होशियार छात्रों में से कुछ छात्रों का चुनाव करके, उनको केवल रूखा-सूखा खाना और छोटे-मोटे कपड़ों की व्यवस्था करके, उनके लिए हर कलेक्टर साहब के बंगले के करीब पाठशाला चालानी चाहिए और उन छात्रों को पटेल, कुलकर्णी तथा पंतोजी' (पटवारी, पुलिस, पटेल, ग्रामसेवक आदि) के नाम की ट्रेनिंग दे कर, फिर परीक्षा ले कर, इस तरह के काम सौंप देने चाहिए। इसका परिणाम यह होगा कि ये लोग सभी (ब्राह्मण) कुलकर्णियों की एकता के लिए बदनाम नाना पेशवे जैसे ब्राह्मणों के काम नहीं आएँगे, बल्कि जो लोग अज्ञानी शूद्रों को फँसा करके उनके खेत

(वतन) हड़पते होंगे और उन लोगों से हर तरह के झगड़े फसाद करवाते होंगे, उनको वैसा करने के लिए वक्त ही नहीं मिलेगा। आज तक लाखों रुपया शिक्षा विभाग के माध्यम से खर्च हुआ है, फिर भी उससे शूद्र समाज की संख्या की तुलना में उनमें विद्वानों की संख्या नहीं बढ़ सकी। इतना ही नहीं, महार, मातंग और चमार आदि जातियों में से एक भी पढ़ा लिखा कर्मचारी नहीं दिखाई दे रहा है। फिर यहाँ एम.ए. या बी.ए. पढ़े लिखे लोग दवा के लिए भी नहीं मिलेंगे। अरे-रे! अपनी इस सरकार के इतने विशाल शिक्षा विभाग के गोरे चेहरे पर इन काले मुँहवाले ब्राह्मण पंडितों ने यह कितना बड़ा काला दाग लगाया है? अरे, यह कड़वे करेले हमारी सरकार ने इतने घी में तल कर, शक्कर में घोल कर पकाए, फिर भी उन्होंने अपने जाति, स्वभाव छोड़ा नहीं और अंत में वे कड़वे करेले की तरह कड़वे ही रहे।

धोंडीराव : तात, आपका कहना सही है। लेकिन ये कुलकर्णी अनपढ़ शूद्रों की भूमि (वतन) को किस प्रकार का फाँसा डाल कर हड़पते होंगे?

जोतीराव : जिन शूद्रों को पढ़ना लिखना बिलकुल ही नहीं आता, ऐसे अनपढ़ शूद्रों को ये कुलकर्णी खोजते रहते हैं और फिर स्वयं उनके साहूकार हो कर वे उनसे जब गिरवी खाता लिखवा लेते हैं, उस समय वे अपनी जाति के अर्जनवीस से मेल-मिलाप करके उनमें एक तरह की शर्तें लिखवा लेते है जो उन शूद्र किसानों के खिलाफ हों और इस कुलकर्णी साहूकार के फायदे की हों। फिर जो शर्तें लिखी जाती हैं,

उनको न पढ़ने हुए गलती-सलती बातें पढ़ कर सुनाई जाती हैं। फिर उस कागज पर उनके हाथ के अगूंठे के निशान लगा कर अपना वही खाता पूरा कर लेते हैं। फिर कुछ दिनों के बाद जालसाजी से उन शूद्रों की जमीन-जायजाद लिखी गई शर्तों के अनुसार हड़पते होंगे कि नहीं?

धोंडीराव : तात, आपका कहना बिलकुल सही है। ये लोग जाति से ही कलम-कसाई हैं। लेकिन ये लोग अनपढ़ शूद्रों में किस प्रकार के झगड़े पैदा करते होंगे?

जोतीराव : खेती-बाड़ी, जमीन-जायदाद आदि के संबंध में, सन-त्योहार, पोला आदि में और होली के दिन होली के बाँस को पहले पूरी आदि कौन बाँधेगा, इस संबंध में शूद्रों के आपस में जो झगड़े-फसाद होते हैं, इनमें ब्राह्मण कुलकर्णियों का हाथ नहीं होता हैं, वे लोग इन झगड़े-फसादों को करवाने में जिम्मेदार नहीं होते, इस तरह के कुछ उदाहरण तुम वास्तव में दिखा पाओगे?

धोंडीराव : तात, आपकी बात से मैं इनकार नहीं कर सकता, लेकिन शूद्रों के आपस में इस तरह के झगड़े-फसाद करवाने में इन ब्राह्मण कुलकर्णी आदि कलम-कसाइयों को क्या मिलता होगा?

जोतीराव : अरे, जब कई घरंदाज अनपढ़ शूद्रों के घराने मन-ही-मन द्वेष की अग्नि में जल कर आपस में एक दूसरे से लड़ते होंगे, तब अंदर ही अंदर से इन कलम-कसाइयों

सहित अन्य ब्राह्मणों कर्मचारियों के घर इस आग में तपते-तपते जल कर क्या नष्ट नहीं हुए होंगे? अरे, इन कलम-कसाइयों के नारदशाही की वजह से स्थानीय (मुल्की) फौजदारी और दिवाणी विभाग (खाता) का खर्च बेहद बढ़ गया है और वहाँ के अधिकांश कर्मचारी, मामलेदार से ले कर ग्रामसेवक तक, सभी अपने 'तत्सवितुर्वरेण्यम् भर्गो देवस्य धीमाहि धियो यो न: प्रचोदयात्' इस असली गायंत्री मंत्र से बेईमानी करते हैं। इसके संबंध में 'चिरी मिरी देव, चिरी मिरी देव' इस यवनी (विदेशी) गायत्री का उपदेश उन पवित्र पुरोहितों के अपनाने की वजह से ब्राह्मण वकीलों की दलाली काफी बढ़ गयी है। फिर यह बताओ कि कि वे बड़ी-बड़ी कोर्ट-कचहरियों में बैठ कर जोर-जोर से हँसी के फव्वारे छोड़ते हुए घूमते है कि नहीं? इसके अलावा मुंसिफ नवाब के सरंजाम कितने बड़े हैं, इसका हिसाब दो। इतना बंदोबस्त होने के बावजूद भी गरीब लोगों को न्याय सस्ता और आसानी से मिलता भी या नहीं? इसी वजह से गाँव-खेड़ों के सभी लोगों को मिला कर एक कहावत प्रसिद्ध हुई है। वह कहावत यह है कि 'सरकारी विभागों से अपना काम करवाना हो तो काम करनेवाले ब्राह्मणों कर्मचारियों के हाथ में अमुक-तमुक दिए बगैर वे हम जैसे गरीबों के काम हाथ ही नहीं लगाते। उनकी झोली में डालने के लिए घर से कुछ न कुछ साथ में ले लो, तब कहीं काम के लिए बाहर निकलो।'

धोंडीराव : तात, यदि ऐसा ही होता हो, तब तो गाँव-खेड़ों के तमाम शूद्र लोगों को यूरोपियन कलेक्टरों से

अकेले में मिल कर उनको अपनी शिकायतें क्यों नहीं बतानी चाहिए?

जोतीराव : अरे, जिनको बेर की गांड़ किधर होती है, यह मालूम नहीं, ऐसे डरपोक खिलौनों को ऐसे महान कर्मचारियों के सामने खड़े होने की हिम्मत कैसे होगी? और ये लोग अपनी शिकायत सही ढंग से उनके सामने क्या बता पाएँगे? ऐसी हालत में किसी लँगोट बहादुर ने बड़ी हिम्मत से, किसी बुटलेर की मदद से, यूरोपियन कलेक्टर से अकेले में मिल कर और उनके सामने खड़े हो कर यह कहे कि 'ब्राह्मण कर्मचारियों के सामने हमारी कोई सुनवाई नहीं होतीं', तब इतने चार शब्द कहने की इन कलम-कसाइयों को भनक भी लग गई तो समझ लो, हो गया इसका काम तमाम। फिर उस अभागे आदमी के नसीब ही फूट गए, समझ लेना चाहिए, क्योंकि वे लोग कलेक्टर, कचहरी के अपनी जाति के ब्राह्मण कर्मचारी (बाबू) से ले कर रेव्हेन्यू के या जज के ब्राह्मण कर्मचारी तक सभी के सभी अंदर ही अंदर उस यवनी गायत्री की वरदी घुमा देते हैं, फिर आधे कलम-कसाई तुरंत हर तरह के दस्तावेजों के साथ पुरावे ले कर वादी के (साक्षीदार) गवाहदार बन जाते हैं। ये लोग उनके झगड़े में इतनी उलझन पैदा कर देते हैं कि उसमें सत्य क्या है, यह पहचान पाना भी मुश्किल हो जाता है। इस सत्य-असत्य को खोज निकालने के लिए बड़े-बड़े विद्वान यूरोपियन कलेक्टर और जज लोग अपनी सारी अक्ल खर्च कर देते हैं, फिर भी उनको छिपे हुए रहस्य का कुछ भी पता नहीं चलता, और न ही कुछ हाथ लगता है; बल्कि वे उस शिकायत करनेवाले लँगोटीधारी को

यह कहने में लज्जा का अनुभव नहीं करते कि 'तू ही बड़ा शरारती है'। और अंत में उसके हाथ में नारियल कि खाली टोकरी दे कर उसको फजीहत होने के लिए घर पर भेज देते होंगे कि नहीं? अंत में ब्राह्मण कर्मचारियों की इसी प्रकार की प्रवृत्ति की वजह से कई गरीब किसान शूद्रों के मन में यह बात आती होगी कि यहाँ हमारे किसी शिकायत पर कोई सुनवाई नहीं है। इनमें से कई लोगों ने डाकू और लुटेरों का जीवन अपनाया होगा और अपनी ही जान को तबाह किया होगा कि नहीं? इनमें से कइयों के दिलो दिमाग में असंतोष की भावना भड़क उठी होगी और फिर वे पागलपन के शिकार बन गए होंगे कि नहीं? और इनमें से कइयों ने अपनी दाढ़ी-मूँछे बढ़ाई होंगी और अधपगले हो कर रास्ते में जो भी कोई मिल जाए उसको अपनी शिकायत सुनाते कहते फिरते होंगे कि नहीं?

परिच्छेद : तेरह

[तहसीलदार, कलेक्टर, रेव्हेन्यू, जज और इंजीनियरिंग विभाग के ब्राह्मण कर्मचारी आदि के संबंध में]

धोंडीराव : तात, इसका मतलब यह हुआ कि ब्राह्मण लोग मामलेदार आदि होने की वजह से अनपढ़, अज्ञानी शूद्रों को नुकसान पहुँचाते हैं

जोतीराव : आज तक जो भी ब्राह्मण मामलेदार हुए हैं उनमें से कई मामलेदार अपने बुरे करतूतों की वजह से

सरकार की नजर में अपराधी सिद्ध हुए हैं और सजा पाने के काबिल हुए हैं। वे ब्राह्मण मामलेदार काम करते समय इतनी दुष्टता से बर्ताव करते थे और गरीब लोगों पर इतना अमानवी जुल्म ढाते थे कि उन दास्तानों का एक ग्रंथ लिखा जा सकता है। अरे, इस पूना जैसे शहर में ब्राह्मण मामलेदार कुलकर्णी से लिखवा कर लाई हुई लायकी दिखाए बगैर बड़े-बड़े साहूकारों की भी जमानत स्वीकार नहीं करते। फिर लोग लायकी का प्रमाणपत्र देते समय चक्कर चलाते होंगे कि नहीं? उसी प्रकार इस शहर की म्युनिसिपालिटी किसी मकान मालिक को उसके पुराने मकान की जगह पर नया मकान बनाने की तब तक अनुमति नहीं देती जब तक ब्राह्मण मामलेदार द्वारा उस नगर के कुलकर्णी का अभिप्राय समझ नहीं लिया जाता। अरे, उस कुलकर्णी से पास उस नगर का नक्शा होने के बावजूद नई खरीदी करनेवालों के नाम मिला करके हर साल उसकी एक नकल मामलेदार के दप्तर में लिखवा कर रखने का कोई रिवाज ही नहीं है और न कोई कारण भी। फिर उस जगह के संबंध में कुलकर्णी का अभिप्राय आवश्यक और सच है, यह कैसे मानना चाहिए? इन तमाम बातों से इस तरह की शंका पैदा होती है कि ब्राह्मण मामलेदारों ने अपनी जाति के कलम-कसाइयों का हित साधने के लिए इस व्यवस्था को बरकरार रखा होगा। इससे तुम ही सोच करके देखो कि जहाँ यूरोपियन लोगों की बस्तियों के करीब पूना जैसे शहर में ब्राह्मण मामलेदार इस प्रकार की बेपरवाही से अपनी जाति के कलम-कसाइयों की रोटी पकाते हैं, तब गाँव-खेड़ों में उनका जबर्दस्त जुल्म रहता होगा? यदि इस बात को हम लोग सच

न माने तब ये जो अधिकांश देहातों के अज्ञानी, अनपढ़ शूद्रों के समूह अपने बगल में अपने कपड़े-लत्ते दबा कर ब्राह्मण कर्मचारियों के नाम से चिल्लाते हुए घूमते दिखाई देते हैं क्या यह सब झूठ है? इन्हीं लोगों में से कुछ लोग कहते हैं कि 'ब्राह्मण कुलकर्णी की वजह से ही ब्राह्मण मामलेदारों ने मेरा अर्ज समय पर स्वीकार नहीं किया। इसीलिए प्रतिवादी ने मेरे पक्ष के सभी गवाह बदल दिए और मेरी ही जमानत करवाई गई।' कुछ लोग कहते हैं कि 'ब्राह्मण मामलेदार ने मेरी अर्जी ले ली और कुछ समय के लिए उसने मेरी अर्जी दूसरे दिन ले कर मेरे चल रहे काम से मुझे उजाड़ दिया। और इस तरह उसने मुझे भिखारी बना दिया।' कोई कहता है कि 'ब्राह्मण मामलेदार ने, मैं जैसा बोल रहा था, उस प्रकार से लिखा ही नहीं और बाद में उसी जबानी से मेरे सारे झगड़े को इस तरह खाना खराब कर दिया कि अब मैं पागल होने की स्थिति में पहुँच गया हूँ।' कोई कहता है कि 'मेरे प्रतिवादी ने ब्राह्मण मामलेदार की सलाह पर मेरे अच्छी तरह चल रहे काम को बंद करवा दिया और उसके मेरे खेत में अपना हल जोतने का काम शुरु करते ही मैं केवल उसके हाथ में अपनी अर्जी दे दी और तुरंत चार-पाँच कदम पीछे हट गया। मैं उसके सामने अपने दोनों हाथ जोड़ कर बड़े ही दीन सुखी भाव में काँपते हुए खड़ा रहा। फिर कुछ ही देर में उस दुष्ट ने मेरी ओर ऊपर-नीचे देख कर झट से उस अर्जी को मेरी ओर फेंक दिया यह कारण दिखा कर कि मैंने कोर्ट का अपमान किया है, उसने मुझे ही दंडित किया। लेकिन उस दंड राशि को देने की मेरी क्षमता नहीं होने की वजह से मुझे कुछ दिन के लिए

जेल में बंद रहना पड़ा। इधर प्रतिवादी ने बोने के लिए तैयार किए हुए मेरे खेत में अपना अनाज बो दिया और उस खेत को अपने अधिकार में ले लिया, जिसकी वजह से मैंने बाद में कलेक्टर साहब को दो तीन अर्जियाँ दीं और उनको हर बात से सूचित किया, लेकिन सभी अर्जियाँ वहाँ के ब्राह्मण क्लर्क ने कहाँ दबा करके रख दी कि कुछ पता ही नहीं चल रहा है। अब इसका क्या किया जा सकता है?' कोई कहता है कि 'ब्राह्मण क्लर्क ने मेरी अर्जी कलेक्टर को पढ़ कर दिखाते समय वहाँ की मुख्य बातों को हटा करके, ब्राह्मण मामलेदार द्वारा दी गई अर्जी निकाल कर वहाँ जस का तस रखवा दिया।' कोई कहता है कि 'मेरी अर्जी के आधार पर कलेक्टर ने मौखिक रुप में जो बातें लिखने के लिए उस ब्राह्मण क्लर्क को कहा था, उसने कलेक्टर के बताए आदेश के विरुद्ध आर्डर लिखा। लेकिन उस आर्डर को कलेक्टर के सामने पढ़ते समय उसने कलेक्टर के बताए अनुसार ही बराबर पढ़ कर सुना दिया और फिर उस निकालपत्र पर उसके हस्ताक्षर ले कर, वह निकालपत्र जब मुझे मामलेदार के द्बारा प्राप्त हुआ तब उस पत्र को देख कर मैं अपने माथे को पीटता ही रह गया और मैंने मन-ही-मन में कहा कि हे ब्राह्मण कर्मचारी,तुम लोग अपना लक्ष्य पूरा किए बगैर चुप नहीं रह सकते।' कोई कहता है कि 'जब मेरी कलेक्टर साहब के पास कुछ भी सुनवाई नहीं हुई तब मैंने रेव्हेन्यू साहब को दो-तीन अर्जियाँ भेज दीं। लेकिन मेरी वे सभी अर्जियाँ वहाँ के ब्राह्मण क्लर्क लोगों ने कोशिश करके फिर उस साहब कि ओर से पुन: कलेक्टर के ही अभिप्राय के लिए लौटा दीं। बाद में कलेक्टर के ब्राह्मण

कर्मचारियों ने मेरी सभी कागजात घुमा-फिरा कर कलेक्टर साहब को पढ़ कर सुना दिए और यह कह कर कि मैं बड़ा शिकायतखोर आदमी हूँ, उन्होंने मेरी अर्जी के पिछले पन्ने पर उस कलेक्टर से अभिप्राय लिखवा कर रेव्हेन्यू साहब को गलत जानकारी दी। अब तुम ही बताओ, ऐसे करनेवालों के साथ क्या करना चाहिए?' कोई कहता है कि 'मेरा केस शुरु होते ही, अर्टनी द्वारा बीच में ही मुँह मारने की वजह से जज साहब कहने लगे, 'चुप रहो बीच में मत बोलो'। बाद में उन्होंने स्वयं ही मेरे सभी कागजात पढ़ लिए। लेकिन कागजातों को वह बेचारे क्या करेंगे? क्योंकि पहले कि कलेक्टर कचहरी के सभी ब्राह्मण कर्मचारियों ने कुलकर्णियों की सूचना के अनुसार मेरे पूरे केस का स्वरुप ही बदल दिया था।' कोई कहता है कि 'आज तक सभी ब्राह्मण कर्मचारियों के देवपूजा के कमरे के मंत्रोच्चारों के अनुसार उनके घर भरते-भरते हमारे घर उजड़ गए, हम बर्बाद हो गए। हमारे खेत नीलाम किए गए। हमारी जमीन-जायजाद चली गई। हमारा अनाज गया, हमारा अनाज से भरा बारदाना लूट गया। हमारे घर की हर चीज लूट ली गई और हमारे बीवी-बच्चों के बदन पर सोने का फुटा भी नहीं बचा। अंत में हम सब लोग भूख और प्यास से मरने लगे। तब मेरे छोटे भाइयों ने मिट्टी-गाड़े का काम खोजा और हम सभी सड़क के काम पर जा कर हाजिरी देते थे। बाद में किसी घटिया मराठी अखबार में अंग्रेज सरकार या उसके धर्म की यदि आलोचना, नुक्ताचीनी की गई हो, तो उसका मतलब जाते-जाते हम अज्ञानी, अनपढ़ शूद्र मजदूरों को समझाया करते और बाद में अपने घर लौट जाते थे। और सरकार भी

ऐसे घटिया लोगों कि मेहनत करनेवाले मजदूरों से भी ज्यादा, डबल तनख्याह देती है, फिर भी मजदूर ने तनख्याह (मजदूरी) लेने के बाद उस ब्राह्मण कर्मचारी के हाथ पर कुछ रुपया-पैसा रख दिया, तब तो कोई बात नहीं, यदि उसने उसके हाथ पर कुछ भी रुपया पैसा न छोड़ा तो उसकी खैर नहीं। वह ब्राह्मण कर्मचारी दूसरे दिन से ही अपने से बड़े साहब को उस मजदूर के बारे में गलत-सलत बातें बता करके उस मजदूर के नाँगे लगाए जाते हैं। इतना ही नहीं, कोई ब्राह्मण कर्मचारी उस मजदूर से कहता है कि, तू सरकारी काम करने के बाद पत्रालियों के लिए बड़े और पलस के पान या पान की डालियाँ शाम को घर लौटते समय ला कर मेरे घर पर डाल देना । कोई ब्राह्मण कर्मचारी कहता है कि आम डालियाँ शाम को मेरे घर डाल देना। कोई कहता है कि मुझे पत्ते ला कर देना। कोई कहता है कि आज रात को मैं गाँव में उस लेन–देन करनेवाली विधवा के घर में नाश्ता-पानी करने के लिए जानेवाला हूँ। इसलिए, तू खाना खा कर मेरे निवास पर आ कर मेरे परिवार के साथ सारी रात रह कर, वहीं सो जाना; लेकिन दूसरे दिन काम पर जाने के लिए भूलना नहीं; क्योंकि कल शाम को ही बड़े इंजीनियर साहब यहाँ अपना काम देखने के लिए आनेवाले हैं, इस प्रकार का इत्तिला राव साहब ने लिख कर भेजा है।' इस तरह से ब्राह्मणों द्वारा अंदर-ही-अंदर जो परेशनियाँ भोगनी पड़ती हैं, उससे बारे में मुझे मेरे भाई मेरे घर आ कर बताते रहते हैं और आँखों में आँसू बहाते रहते हैं।

वे कहते है कि 'तात, हम क्या करें! ये सभी ब्राह्मण अठारह जाति के गुरु हैं। ये लोग अपने-आपको सभी वर्णों के गुरु समझते हैं। इसलिए ये जैसा भी बर्ताव करें, हम शूद्रों को उनको एक भी शब्द नहीं कहना चाहिए। शूद्रों को उनकी नुक्ताचीनी नहीं करनी चाहिए। यह अधिकार उनको नहीं है, यही उनके धर्मशास्त्रों का कहना है। धर्मशास्त्र कुछ भी कहे, लेकिन हमारे पास इस मर्ज का कोई इलाज नहीं है। यदि मैं अंग्रेजी बोलना सीख गया होता तो मैं ब्राह्मणों से सभी कारनामें, करतूतें, लफ्फाजी ठगी आदि सभी बातें अंग्रेज साहब के लोगों को बोल दिया होता और उनके द्वारा इन लोगों को मजा चखाया होता।'

इसके अलावा इंजीनियर विभाग के सभी ब्राह्मण कर्मचारियों की लुच्चागीरी के बारे में ठेकेदार लोग इतना कुछ बताते है कि उस पर एक स्वतंत्र किताब लिखी जा सकती है। इसलिए इस बात को मैं यहीं समाप्त कर देता हूँ।

तात्पर्य, ऊपर लिखी गई तमाम दलीलों में जो भी आपको सच लगे, उसके बारे में गंभीर रुप से सोचना चाहिए और उसका पूरी तरह से बंदोबस्त भी करना चाहिए तथा उन तमाम कुरीतियों को जड़-मूल से, सामाजिक जीवन से समाप्त कर देना चाहिए, यही हमारी सरकार का धर्म है।

परिच्छेद : चौदह

[यूरोपियन कर्मचारियों का निष्क्रिय बनना, सामंतों (ब्राह्मण खोत) का वर्चस्व, पेंशन ले कर सरकारी नौकरी से मुक्त हुए यूरोपियन कर्मचारियों द्वारा सरकार के दरबार में गाँव-गाँव की हकीकत बताए जाने की आवश्यकता, धर्म और जाति के अहंकार आदि के संबंध में]

धोंडीराव : तात, यदि इस प्रकार का अर्थ सभी सरकारी विभागों के ब्राह्मण कर्मचारियों का वर्चस्व होने की वजह से हो रहा हो, तब यूरोपियन कलेक्टर वहाँ बैठ कर क्या कर रहे हैं? वे ब्राह्मणों की लुच्चागीरी के संबंध में सरकार को रिपोर्ट क्यों नहीं कर रहे हैं?

जोतीराव : अरे, इन ब्राह्मण कर्मचारियों के इस रवैये के कारण उनकी टेबल पर इतना काम पड़ा हुआ रहता है कि वे लोग उसमें कुछ जरूरी काम कर लेते हैं? केवल मराठी कागजातों पर दस्तखत करते-करते उनकी नाक में दम आ जाता है। इसलिए उन बेचारों को इन तमाम अनर्थों की खोज-बीन करके उस संबंध में सरकार को रिपोर्ट करने के लिए समय भी कहाँ हैं? इतना सब होने पर भी, मैं यह सुन रहा हूँ कि कोंकण के अधिकांश दयालु यूरोपियन कलेक्टरों ने अज्ञानी शूद्रों पर ब्राह्मण जमींदारों (खोत) [28] की ओर से जो जुल्म ढाए जा रहे हैं, उन्हें समाप्त करने के लिए अज्ञानी शूद्रों के पक्ष में स्वयं ब्राह्मण जमीदारों के (खोत) प्रतिवादी हो कर वे सरकार में उस संबंध में प्रयास कर रहे हैं। लेकिन इसी समय

सभी ब्राह्मण जमीदारों ने (खोत) अमेरिकी स्लेव्ह (गुलाम) होल्डर का अनुकरण करते हुए अपने मतलबी धर्म की सहायता से अज्ञानी, अनपढ़ शूद्रों में सरकार के विरोध में गलत-सलत बातें प्रचलित कीं। इसकी वजह से अधिकांश अज्ञानी शूद्रों ने यूरोपियन कलेक्टरों के विरोध में संघर्ष करने की तैयारी की। उन्होंने सरकार को कहा कि हम लोगों पर ब्राह्मण जमीदारों का (खोत) जो अधिकार है, उसको वैसे ही रहने दिया जाए। यहाँ के ब्राह्मण जमीदारों ने अज्ञानी, अनपढ़ शूद्रों को शैतानों की तरह अपनी मुट्ठी में रखा और अपनी इस भोली-भाली सरकार को अज्ञानी, अनपढ़ शूद्रों के विरोध में मानसिक रुप में खड़ा कर दिया। ब्राह्मण खोतों की इस तरह की चालबाजी की वजह से उस परहितकारी यूरोपियन कलेक्टर पर किस तरह की स्थिति गुजर रही है, वह देखिए।

धोंडीराव : इस तरह अज्ञानी शूद्र ब्राह्मणों के बहकावे में आ कर अपना चारों ओर से नुकसान कर लेते हैं, यह अच्छी बात नहीं है। इसी तरह से आगे किसी समय उन्होंने ब्राह्मणों के बहकावे में आ कर सरकार के विरोध में अपना हाथ खड़ा किया तब उनकी बड़ी हानि होगी, क्योंकि शूद्रों को ब्राह्मण-पंडित-पुरोहितों की दासता से मुक्त होने का इससे अच्छा मौका पुन: प्राप्त होना बहुत ही मुश्किल है। इसलिए शूद्रों के हाथ से इस तरह का अनर्थ न हो, इसलिए आपको कुछ उपाय सूझ रहे हों, तो एक बार जा कर अपनी दयालु सरकार को समझा कर देखिए, क्योंकि अज्ञानी अनपढ़ शूद्रों को बताने से कोई फायदा नहीं। यदि इसके उपरांत भी

शूद्र समाज के लोग मूर्ख के मूर्ख ही बने रहना चाहते हैं तो उसके लिए आप भी क्या करेंगे?

जोतीराव : इसके लिए उपाय के तौर पर मेरा यह भी कहना नहीं है कि अपनी दयालु सरकार को सबसे पहले ब्राह्मण समाज की (जन) संख्या के अनुपात में सभी विभागों में ब्राह्मण कर्मचारियों की नियुक्ति नहीं करनी चाहिए, लेकिन मेरा कहना यह है कि यदि उसी अनुपात में शेष सभी जातियों के कर्मचारियों न मिलते हों तो सरकार को चाहिए कि वह उनके स्थान पर केवल यूरोपियन कर्मचारियों की नियुक्तियाँ करे। मेरे कहने का मतलब यह है कि फिर सभी ब्राह्मण कर्मचारियों को सरकार और अज्ञानी शूद्रों का नुकसान करने का मौका भी नहीं मिलेगा। दूसरी बात यह है कि सरकार को केवल उन यूरोपियन कलेक्टरों को, जिन्हें अच्छी तरह से महाराष्ट्र भाषा (मराठी भाषा) बोलना आता है, उन सभी को उम्र भर के लिए पेंशन दे कर वहीं तमाम गाँव-खेड़ों में रहनेवाले अज्ञानी, अनपढ़ डरपोक और ब्राह्मण-पंडित-पुरोहितों के हाथ के खिलौने बने हुए शूद्रों में मिल-जुल कर रहने के लिए प्रेरित करना चाहिए और फिर उन्हें सभी ब्राह्मण कुलकर्णी आदि कर्मचारियों की चालाकी पर कड़ी नजर रखनी चाहिए। पेंशन प्राप्त आदि अधिकारियों के द्वारा हमेशा वहाँ की छोटी-मोटी गतिविधियों की रिपोर्ट मँगवानी चाहिए। इसका परिणाम यह होगा कि वहाँ के सरकारी शिक्षा विभाग के ब्राह्मण कर्मचारियों की लुभावनी चालाकी का तो पर्दाफाश हो ही जाएगा, साथ ही पिछले कुछ दिनों में सारे शिक्षा विभाग की जो भी दुर्दशा हुई है, उसका भी पूरी तरह से बंदोबस्त हो

जाएगा। इस तरह तमाम अज्ञानी शोषित शूद्रों को यथार्थ का पता चलते ही वे लोग इन ब्राह्मण पुरोहितों के कुतर्की अधिकारों का पूरी तरह से निषेध करेंगे और ये अज्ञानी शूद्र लोग अपनी अंग्रेजी सरकार के उपकारों को कभी भूलेंगे नहीं, इस बात का मुझे पूरा विश्वास है। क्योंकि हम शूद्रों के गले में सदियों से इन ब्राह्मण-पंडित-पुरोहितों द्वारा बाँधी गई गुलामी की जंजीरे जल्दी ही किसी के द्वारा खुल जाना संभव नहीं है।

धोंडीराव : तात, फिर आप अपने बचपन में अखाड़े खेलने और निशाने पर गोली दागने की कसरत किसलिए कर रहे थे?

जोतीराव : अपनी दयालु अंग्रेज सरकार को मार भगाने के लिए।

धोंडीराव : तात, लेकिन आपने इस तरह की दुष्ट मसलहत कहाँ से सीखी?

जोतीराव : दो-चार पढ़े-लिखे, सुधरे हुए ब्राह्मण विद्बानों से ले कर आज के सुधारणावादी (लेकिन घर में चूल्हे के पास) ब्राह्मणों तक सभी लोग इसका इसका कारण यह बताते हैं कि 'अपने में ही अधिकांश जाति के लोग अनादि सिद्ध धर्म के बारे में अज्ञानी हैं। इसलिए अपने सभी लोगों की एकता समाप्त हो गई है। इसी की वजह से अपने ही कई प्रकार के जाति भेद पैदा हो गए। अपने में ही इस तरह का

बिखराव आने की वजह से अपना राजकाज अंग्रेजों के हाथ में चला गया और वे लोग अब हमारे अज्ञानी भोले-भाले लोगों का अपने देश के प्रति जो अभिमान है, वह समाप्त हो, इसलिए उनको अपने मतलबी धर्म का आधार दिखा कर अपने गुरुभाई (धर्मबंधु) बना रहे हैं। इसलिए हम सभी जाति के लोगों में अपनी एकता कायम होनी चाहिए। इसके बगैर इन अंग्रेज लोगों को अपने देश से निकाल बाहर करने की शक्ति हम लोगों में आएगी नहीं और इस तरह किए बगैर हम लोगों का अमेरिकी, फ्रांस और रशियन लोगों की बराबरी में आना कदापि संभव नहीं है।' यह उन्होंने मुझे टॉम्स पेन्स [29]आदि ग्रंथकारों की किताबों के कई वाक्य उद्धरण स्वरुप दे कर सिद्ध करके दिखाया है। इसी की वजह से इस तरह से मूर्खतापूर्ण आचार कुछ दिनों तक अपने बचपन में करता रहा था। लेकिन बाद में उन्हीं ग्रंथों के सहारे गंभीर रुप से सोचने लगा, तब कहीं इन पढ़े-लिखे ब्राह्मणों से मतलबी मलहमपट्टी का सही अर्थ मेरे ध्यान में आया। वही सही अर्थ यह है कि 'हम सभी शूद्र लोग अंग्रेजों के गुरुभाई (धर्मबंधु) होते ही उनके पूर्वजों के तमाम ग्रंथों का (धर्मशास्त्रों) का निषेध करेंगे और उससे उनके जाति अहंकार को ठेस पहुँचेगी। इस तरह का उसका तुरंत परिणाम यह होगा कि उनके हरामी लोगों को हम शूद्रों के श्रम की रोटियाँ खाने को नहीं मिलेंगी। इस प्रकार ब्रह्मा के बाप को भी यह कहने कि हिम्मत नहीं होगी कि शूद्रों से ब्राह्मण ऊँचे वर्ण के हैं। अरे, जिन लोगों के पूर्वजों को ही देशाभिमान शब्द बिलकुल मालूम नहीं था, उन लोगों ने उस शब्द का इस तरह से अर्थ किया, इसके लिए हमको बहुत

आश्चर्य करने की आवश्यकता नहीं है। अंग्रेज लोगों ने वास्तव में बलि राजा के आने के पहले देशाभिमान शब्द का अर्थ ग्रीक लोगों से पढ़ा था। लेकिन बाद में जब वे उस बलि राजा के अनुयायी हुए तब से उनमें यह सद्गुण इतना बढ़ा कि उनकी बराबरी अन्य किसी भी धर्म का स्वाभिमानी व्यक्ति नहीं कर सकता था। यदि उनको देखना ही है तो अमेरिका के बलि राजा के मतानुयायी जॉर्ज वाशिंगटन की तुलना (योग्यता) का आदमी देखना चाहिए। यदि ऐसे महापुरुष की योग्यता आदमी देखना संभव न हो तो तब उन्हें फ्रांस के बलि राजा के मतानुयायी लफेटे की योग्यता का आदमी देखना चाहिए। अरे, यदि इन पढ़े-लिखे विद्वानों के पूर्वजों को स्वदेशाभिमान वास्तव में मालूम होता, तो अपनी किताबों में, अपने धर्मशास्त्रों में अपने ही देशबंधुओं (शूद्रों) को पशु से भी नीच समझने के बारे में लेख नही लिखे होते। वे ब्राह्मण-पंडित-पुरोहित वर्ग के लोग मैला खानेवाले पशु का गोमूत्र पी कर पवित्र होते हैं, लेकिन शूद्रों के हाथ का साफ-सुथरा झरने का पानी पीने से अपने-आपको अपवित्र समझते हैं। देखिए, इन पढ़े-लिखे विद्वानों के पूर्वजों द्वारा क्रिश्चियन लोगों के पवित्र देशाभिमान के विरुद्ध उपस्थित किया हुआ अपवित्र देशाभिमान! हमको यदि किसी की बदौलत समझा होगा, तो वह अंग्रेजों की बदौलत। और ऐसे परोपकारी लोगों को मतलब, हम सबी को ब्राह्मणों की गुलामी से मुक्त करनेवाले लोगों को, अपने देश से भगा देने की उन ब्राह्मणों की कसरत में ऐसा कौन है जो शामिल होना चाहेगा? अरे, ऐसा कौन मूर्ख आदमी है जो अपने रक्षकों के विरुद्ध ही अपना

हाथ उठाने की हिम्मत करेगा? लेकिन मैं तुमको इतना स्पष्ट रुप से बता देना चाहता हूँ कि अंग्रेज लोग आज हैं, कल नहीं रहेंगे। वे लोग हमेशा-हमेशा के लिए हम लोगों का साथ देंगे, ऐसी बात नहीं है। इसलिए जब तक उन अंग्रेज लोगों की सत्ता इस देश में है, तब तक हम सभी शूद्र लोगों को जितनी जल्दी हो सकी उतनी जल्दी ब्राह्मण-पंडित-पुरोहितों की पंरपरागत (धार्मिक-सामाजिक-सांस्कृतिक) गुलामी से मुक्त होना चाहिए, और इसी में हम सभी की बुद्धिमानी है। भगवान ने एक बार शूद्रों पर दया करके अंग्रेज बहादुरों के हाथ से ब्राह्मण नाना साहेब पेशवा के विद्रोह को चकनाचूर करवा दिया, यह अच्छा हुआ, वरना उन शादावल के लिंग के इर्द-गिर्द रुद्र करनेवाले पढ़े-लिखे ब्राह्मणों ने आज तक कई महारों को ब्राह्मणी ढंग की धोती पहनने की वजह से या कीर्तनों में संस्कृत श्लोकों का पठन-पाठन करने की वजह से काला पानी दिखा दिया होता, इसमें कोई संदेह नहीं।

परिच्छेद : पंद्रह

[सरकारी शिक्षा विभाग, म्युनिसिपालिटी, दक्षणा प्राइज कमिटी और ब्राह्मण अखबार वालों की एकता तथा शूद्रों-अछुतों के बच्चों को लिखना–पढ़ना नहीं सीखना चाहिए, इसलिए ब्राह्मणों द्वारा रचाए गए षड्यंत्र आदि के संबंध में।]

धोंडीराव : सरकारी बुनियादी शिक्षा विभाग के ब्राह्मण कर्मचारी गुलाबी बेईमानी करते हैं, इसका क्या मतलब है?

जोतीराव : फिलहाल जिस किताब की वजह से ब्राह्मणों के सभी ग्रंथों में, शास्त्रों में, साहित्य में जो बेईमानीपूर्ण बातें लिखी गई हैं, उसका रहस्य खुल जाएगा और उनके पूर्वजों का भंडाफोड़ होगा; उनकी बेइज्जती होगी, इस बात से वे लोग भयग्रस्त हो गए हैं। उन्होंने अपनी भोली-भाली सरकार से कभी-कभी अकेले में मिल कर और कभी-कभी अखबारों के द्वारा तरह-तरह की गुलाबी, रंगीन मसलनें दे कर उनके अधिकार में जितनी सरकारी पाठशालाएँ हैं, उन सभी में सरकारी बुनियादी शिक्षा विभाग से उस तरह की महत्त्वपूर्ण किताब को पाठ्यक्रम के निकाल बाहर किया, तब हम क्या कहें? पहले के जमाने में किन्हीं अज्ञानी अधिकारियों ने चार धर्मभ्रष्ट, पाखंडी पुरोहितों के आग्रह के खातिर उस तरह का उपदेश देनेवाले उपदेशक को सूली पर चढ़ा दिया था, इसलिए ब्राह्मण-पंडा-पुरोहितों की, बलि धर्मशास्त्रों की पोल खोलनेवाली किताब को स्कूलों के पाठ्यक्रम से बहिष्कृत करा दिया, तब हमें भी क्यों आश्वर्य लगना चाहिए?

धोंडीराव : तात, लेकिन इसमें सरकार का क्या दोष है, इसके बारे में जरा समझाए।

जोतीराव : इस बात को हम कैसे माने कि इसमें सरकार का कुछ भी दोष नहीं है? सरकार ने जिन तथाकथित प्रगतिशील ब्राह्मणों की दलील पर उस तरह के सत्य को कहनेवाली किताब को स्कूलों के पाठ्यक्रम से निकाल बाहर किया, उस किताब का विरोध करनेवाले लोगों द्वारा तैयार की

हुई किताबें सरकारी शिक्षा विभाग के द्वारा स्कूलों के अभ्यासक्रमों में लगवा कर, फिर उन्हीं लोगों को ही शूद्रों के स्कूलों में शिक्षक के रूप में नियुक्त करना, क्या यह उचित है? चूँकि इसके बारे में सोच-विचार करने के बाद यह सिद्ध होता है कि कल तक उस किताब को जिन प्रतिवादियों ने सरकारी शिक्षा विभाग से बहिष्कृत करवाई, उन्हीं लोगों को ही सभी सरकारी स्कूलों में शिक्षक के रुप में नियुक्त करके उनको उस पवित्र किताब के विरुद्ध शूद्रों के मुँह से उपदेश देने का अवसर क्यों दे रही है? इसलिए हमारी भोली-भाली सरकार के लिए उस पवित्र सरकारी शिक्षा विभाग के उन सभी प्रतिभागियों को उनकी किताबों के साथ निकाल बाहर करना संभव न हो तो हमारी सरकार को कृपया सभी शिक्षा विभाग एक साथ बंद कर देना चाहिए। जिससे ये लोग अपने-अपने घरों में जा कर आराम से बैठ जाएँगे और कम-से -कम यह होगा कि हम शूद्रों पर जो करों का बोझ लदता जाता है, वह कम हो जाएगा। क्योंकि शिक्षा विभाग के एक प्रमुख ब्राह्मण कर्मचारी को हर साल कम-से-कम सात हजार रुपया तनख्याह देनी पड़ती है। अब सुलतानी रही नहीं; किंतु असमानी मेहर हुई तब बताइए कि इतनी रकम तैयार करने के लिए शूद्रोंके कितने परिवरों को एक साल तक दिन-रात खेती में जुते रहना पड़ता होगा? कम-से-कम एक हजार शूद्र परिवार इसमें जुतते ही होंगे!

दूसरी बात, इस मुआवजे के प्रमाण में इस बृहस्पति (ब्राह्मण) से शूद्रों को सही में कुछ लाभ भी होता है? अरे, हर दिन चार पैसा कमानेवाले शूद्र मजदूरों को

लहलहाती धूप में सूरज के निकलने के समय से ले कर सूरज के डूबने तक सड़क पर मिट्टी को टोकरियाँ सिर पर ढोनी पड़ती हैं। उस बेचारे को कही बाहर जाने के लिए एक पल की भी फुरसत नहीं मिलती और दूसरी ओर बिना काम किए, बगैर शारीरिक श्रम के हर दिन बीस रुपए मिलनेवाले ब्राह्मण कर्मचारियों को स्कूलों मे खुली जगह पर कुर्सी में बैठने का काम करना पड़ता है। वे लोग म्युनिसिपालिटी के मेहमान बन कर हर दिन सुबह और शाम को धूप, गरमी का माहौल समाप्त हो जाने के बाद बाहर घूमने के लिए निकल पड़ते हैं। उनके बाहर घूमने के लिए निकलने का उद्देश्य उन्हें अपने सभी परिचितों से मेल-मिलाप के लिए जाना होता है। इसलिए वे लोग सज-धज के, बड़े नखरे में घोड़े की गाड़ी में सवार हो कर शहर के रास्तों पर लोगों की दहलीज-खलिहान देखते हुए अपनी अकड़ दिखाते रहते हैं। लेकिन उनको यह सब अकड़ दिखाने के लिए फुरसत कहाँ से मिल जाती है? अरे, उन्होंने शहर के लोगों को अभी तक यह नही बताया कि शिक्षा से क्या-क्या लाभ होते हैं; लेकिन घूमने में बड़ा मजा आता है, बड़ा गौरव लगता है। लेकिन फिर भी मिशनरियों का हर माह दस रुपए माहवार पानेवाला उपदेशक इन ब्राह्मण-पंडित-पुरोहितों से हजार गुना अच्छा है। ये लोग उस मिशनरी उपदेशक के पाँव की धूल की भी बराबरी करने योग्य नहीं हैं; क्योंकि जिस शहर में वह (खिस्ती) मिशनरी उपदेशक रहता है, उस शहर के सभी छोटे-बड़े को यह मालूम रहता है कि वह एक धर्मोपदेशक है।किंतु यह ब्राह्मण शिक्षक जिस मकान में रहता है, उस मकान के नीचे के मकान में रहनेवाले

किराएदार को भी मालूम नहीं रहता है कि कौन तिस्मारखाँ है। अरे, ब्राह्मण शिक्षक अपने ऊपरवाले यूरोपियन कर्मचारी के पास हर दिन इधर-उधर की चार गप्पें लगा कर, मन चाहे तब घंटा-दो-घंटा स्कूल में बच्चों को पढ़ा कर, उनको साल में दो-चार लिखित रिपोर्ट कर देता है। मतलब, उसका काम हो गया। और ऐसे लोगों को ही चार पढ़े लिखे लोग ईनामदार नौकर और देशभक्त कहते हैं। अरे, इन बिकाऊ ब्राह्मण नौकरों ने आज तक शिक्षा विभाग के लाखों रुपए खा लिए हैं। लेकिन सच कहता हूँ, उनके हाथ से न तो किसी अछूत को शिक्षा मिली और न शूद्रों को। उन्होंने उनमें से किसी एक को भी आज तक म्युनिसिपालिटी का सदस्य नहीं बनाया। इससे अब तुम ही सोचो कि इस शिक्षा विभाग में जितने ब्राह्मण कर्मचारी हैं, वे सभी वफादार नौकर अपने देश के अज्ञानी अछूतों के प्रति कितनी हमदर्दी दिखातें हैं। इतना ही नहीं, ये देशभक्त, म्युनिसिपालिटी में मुख्य अधिकारी होने पर भी, पिछले साल के पानी के अकाल में अछूतों को पीने के लिए सरकारी बावली का पानी भरने में कोई मदद नहीं की। इसलिए अछूतों का म्युनिसिपालिटी में सदस्य होना कितना आवश्यक है, इसके में अब तुम्हीं सोच सकते हो।

धोंडीराव : तात, आपका कहना एकदम सच। इसमें कोई दो राय नहीं हो सकती। किंतु मैंने सुना है कि म्युनिसिपालिटी में फिलहाल शूद्रों में से कई सदस्य इतने विद्वान हैं कि वे अपना मत देते समय 'अरे गोविंदा'[30] कहलानेवाले यंत्र की तरह अपनी गरदन हिला कर उनकी हाँ में हाँ मिला देते हैं, क्योंकि वहाँ खुद के हस्ताक्षर

करनेवालों की ही पहले कमी, फिर वहाँ शेष सभी इने-गिने पूज्य कहे जानेवाले लोग रहे। फिर शूद्र सदस्यों की कमिटी में कुरसी पर बैठ कर अपनी गरदन हिला कर हस्ताक्षर करने योग्य कुछ लोग क्या अछूतों में मिल जाएँगे?

जोतीराव : ऐसे शूद्र सदस्यों से भी कई गुना अच्छी तरह लिखने-बोलनेवाले कई अछूत लोग मिलेंगे। लेकिन ब्राह्मणों के स्वार्थी, नकली, पाखंडी धर्मग्रंथों, धर्मशास्त्रों की वजह से सभी अछूतों को छूना पाप समझा गया। इसकी वजह से स्वाभाविक रूप ने उन विचारों को शूद्र सदस्यों की तरह सभी लोगों में मिल-जुल कर अमीर होने की सुविधा कहाँ उपलब्ध हो सकती है! उनको आज भी गधों पर बोझ लाद कर अपना, अपने परिवार का पेट पालना पड़ रहा है।

धोंडीराव : तात, सभी जातियों का अलग-अलग संख्या प्रमाण देखने से म्युनिसिपालिटी में विशेष रूप से किस जाति के सदस्यों की संख्या ज्यादा दिखाई देती है?

जोतीराव : ब्राह्मण जाति की।

धोंडीराव : तात, इसीलिए इस म्युनिसिपालिटी में बेगरियों और भांगियों को छोड़ कर ब्राह्मण कर्मचारियों की ही संख्या ज्यादा है। इनमें से कुछ जलप्रदाय विभाग में काम करनेवाले ब्राह्मण कर्मचारी थे। वे भयंकर गरमी के दिनों में अपनी जाति के ब्राह्मणों के घरों के टंकियों में (हौद) मनचाहे

पानी भरते थे और उस पानी का उपयोग वहाँ से इर्द-गिर्द के सभी पड़ोसी ब्राह्मणों के धोती-कपड़े बर्तन आदि धोने के लिए होता था और ढेर सारा पानी व्यर्थ में ही बहता था। लेकिन जहाँ-जहाँ गरीबों की बस्तियाँ हैं जिन-जिन मोहल्लोंमें गरीब शूद्रों की बस्तियाँ हैं, उन सभी मौहल्लों की टंकियों में (हौद) दोहपर के बाद भी पानी की बूँद नहीं गिरती थी। दोहपर में राह चलते राहगीर को अपनी प्यास बुझाने के लिए पानी वहाँ मिलना भी दरकिनार। फिर वहाँ के लोगों को कपड़ा-लत्त्ता धोने के लिए, बाल- बच्चों सहित नहाने के लिए पानी कहाँ मिलेगा? इसके अलावा ब्राह्मणों की बस्तियों में नई टांकियाँ कितनी गई हैं! उधर जूनागंज पेठ [31] (मंडी) आदि मोहल्लों के लोगों ने कई सालों से माँग कर रहे थे कि उनके मोहल्ले में पानी की टंकी बनवाई जाए, लेकिन म्युनिसिपालिटी ने उनकी बात पर, उनके चिल्लाने पर कोई ध्यान नहीं दिया। यहाँ ब्राह्मण सदस्यों की संख्या ज्यादा होने की वजह से उन बेचारे गरीबों की कई वर्षों तक कुछ सुनवाई ही नहीं हुई। लेकिन अंत में, मतलब, पिछले साल जब पानी का अकाल पड़ा, तब मीठगंज के महार-मातंगों ने काले हौद को छू कर वहाँ से पानी भरना शुरु कर दिया। तब कहीं उस म्युनिसिपालिटी को होश आया और उसने इन लोगों की सुधि ली। इस म्युनिसिपालिटी ने इतना बेलगामी खर्च उस काम पर किया कि वह उस म्युनिसिपालिटी के मुखिया की समझबूझ को और उसके हालात को शोभा ही नहीं देता। छोड़िए इन बातों को, लेकिन म्युनिसिपालिटी में इतनी बेबंदशाही होने पर

भी उसके बारे में मराठी अखबारों के पत्रकार सरकार को क्यों आगाह नहीं कर रहे हैं?।

जोतीराव : अरे, सभी मराठी अखबारों के संपादक ब्राह्मण होने की वजह से उनको अपनी जाति के लोगों के विरुद्ध लिखने के लिए हाथ नहीं चल रहा है। जब यूरोपियन मुखिया था, उस समय वह इन ब्राह्मणों कि चतुराई चलने नहीं देता था! उस समय सभी ब्राह्मण संगठित हो कर उन पर यह आरोप लगाने लगते थे कि उनके ऐसा करने से सभी प्रजा का इस तरह से नुकसान हुआ है। इस प्रकार ये ब्राह्मण लोग उनके विरुद्ध इस तरह गलत-सलत अफवाएँ फैला कर उनको इतना त्रस्त कर देते थे कि उनको अपने मुखिया-पद से इस्तीफा देने के लिए मजबूर होना पड़ता था और वे आगे इस म्युनिसिपालिटी का नाम लेना भी छोड़ देते थे। लेकिन अपनी दयालु सरकार भी उन सभी ब्राह्मण अखबारों की बात सुन करके, उन खबरों को सच मान करके कह देती थी कि उस लेख में शूद्रों और अछूतों की बातें व्यक्त हो गई हैं। लेकिन ऐसा समझने में हमारी भोली-भाली सरकार की बहुत बड़ी गलती है। उसको इतना भी मालूम नहीं कि सभी ब्राह्मण अखबारवालों और शूद्र तथा अछूतों की जनम-जनम में भी ऐसे काम में मुलाकात नहीं होती। उनमें से अधिकांश अछूत ऐसे हैं जिनको यही नहीं मालूम कि आखिर अखबार किस बला का नाम है, सियाल या कुत्ता, या बंदर, यह सब कुछ भी मालूम नहीं। फिर ऐसे अपरिचित अनजान अछूतों के विचार इन सभी मांगलिक अखबारों को कहाँ से और कैसे मालूम होते हैं? उन्होंने सरकार का मजाक करके अनपढ़ लोगों

के दिलो को आकर्षित करने के लिए, उनके प्रति झूठी हमदर्दी दिखा कर, अपने पेट पालने के लिए उन्होंने इस तरह का नया तरीका खोज निकाला है! यदि ऐसा न कहें, तब तमाम सरकारी विभागों में ब्राह्मण जाति के कर्मचारियों की ही भरती होने की वजह से सभी शूद्रों और अछूतों का भयंकर नुकसान हो रहा है। लेकिन उनको इसके बारे में जाँच-पड़ताल करने की फुरसत ही नहीं मिल रही है, इस बात को क्या हम सच मान सकते हैं? नहीं। क्योंकि सात समुद्र पार लंदन शहर की रानी सरकार के मुख्य प्रधान अपने सपने में हिंदुस्थान के बारे में किस-किस प्रकार की बातें बरगलाते रहे हैं, इस संबंध में छोटी-मोटी खबरें अखबारों में छपती रहती हैं। हमारा कहने का मतलब यह है कि यह सब कहने के लिए उनको कहाँ से फुरसत मिलती है! छोड़िए इन बातों को भी फिर भी किसी मराठी ईसाई अखबारवालों ने यह लिखा कि म्युनिसिपालिटी में गरीबों को दाद नहीं दी जाती, उनकी वहाँ कोई सुनवाई नहीं होती। इस तरह की खबर खबर छपने के बाद सभी मराठी अखबारों की इस तरह की खबरें सारांश रूप में अंगेजी में अनुवाद करके सरकार को दिखाने का काम म्युनिसिपालिटी के ही किसी एक ब्राह्मण सदस्य को सौंप दिया गया है। लेकिन वे लोग इस तरह की रिपोर्ट को म्युनिसिपालिटी में अपने कंधे-से-कंधा मिला कर बैठनेवाले जाति भाइयों की परवाह न करते हुए उनके (अपनी जाति के लोगों के) विरुद्ध सरकार के सामने क्या रख पाएँगे?

धोंडीराव : तात, इस चारों ओर सभी क्षेत्रों में ब्राह्मणों का वर्चस्व, बहुलता होने की वजह से ही शेष सभी

जाति कि लोगों का नुकसान हो रहा है। इसलिए यदि आप इस संबंध में एक छोटी-सी किताब लिख कर 'दक्षणाप्राइज' कमिटी को पेश कर दीजिए। मतलब, उस किताब की वजह से सरकार की बंद आँखें खुल जाएँगी।

जोतीराव : ब्राह्मण-पंडा-पुरोहित (जोशी) अपने मतलब, धर्म के गपोड़े से अज्ञानी शूद्रों कि किस-किस तरह बहकावे में ला कर, फुसला करके खाते-पीते हैं और ईसाई मिशनरी अपने निस्वार्थ धर्म की सहायता से अज्ञानी शूद्रों सही ज्ञान दे कर उनको किस प्रकार से सत्य के मार्ग पर चलने की प्रेरणा देते हैं, आदि तमाम बातों के बारे में मैंने एक छोटा-सा नाटक लिखा है। वह नाटक सन 1855 में 'दक्षणा प्राइज' कमिटी को भेजा था; लेकिन वहाँ भी इसी प्रकार के जिद्दी ब्राह्मण सदस्यों के दुराग्रह की वजह से यूरोपियन सदस्यों की एक भी न चल सकी। तब उस कमिटी ने मेरे इस नाटक को नापसंद किया। अरे, इस 'दक्षणा-प्राइज' कमिटी को म्युनिसिपालिटी की ही छोटी बहन कहने में मुझे कोई आपत्ति नहीं होगी। उस 'दक्षिणा-प्राइज' कमिटी को शूद्रों को प्रेरित करना चाहिए था। शूद्रों को लिखने की प्रेरणा मिले इसलिए कितनी जगह पर सहयोग दिया, यह खोजने के लिए आप चिराग ले कर भी जाएँ तो कुछ मिलनेवाला नहीं है। अंत में मैंने उस किताब को अलग रख दिया और कुछ साल बीत जाने के बाद दूसरी छोटी-सी किताब में मैंने ब्राह्मणों की चालाकी के संबंध में लिखा था और मैंने स्वयं के पैसों से ही उस किताब को छपवा कर प्रसिद्ध किया था। उस समय पूना के मेरे एक मित्र ने अधिकारियों को, उस पुस्तक की खरीद के

लिए, सूचना पत्र के साथ भिजवाई; लेकिन उनमें से किसी एक भी अधिकारी ने ब्राह्मण-पंडितों के डर की वजह से एक भी किताब खरीद कर अपने नाम को किसी भी प्रकार दोषारोपण नहीं लगने दिया।

धोंडीराव : तात, सच बात यह है कि आपको अपने लिए लोगों के आगे-पीछे करने की आदत है नहीं, इसलिए आपकी किताबें बिकतीं नहीं।

जोतीराव : अरे, मेरे बाप, अच्छे काम को सफल बनाने के लिए बुरे इलाज नहीं खोजने चाहिए, वरना इस काम के अच्छेपन को ही धब्बा लग जाता है। उन्होनें मेरी एक किताब नहीं खरीदी, इसलिए क्या उससे मेरा बहुत कुछ नुकसान हुआ है? नहीं, लेकिन अब इसके बाद मैं इस तरह के घटिया लोगों के सामने किसी भी प्रकार की अर्जी करना पसंद नहीं करूँगा। मैं उनका निषेध करूँगा। मैंने पढ़ा है कि तरह से हमें अपने उत्पन्नकर्ता पिता पर निर्भर रहना चाहिए। इसलिए मैं उसका तीन बार धन्यवाद करता हूँ।

धोंडीराव : तात, आपने जब ब्राह्मण जाति की लड़कियों के स्कूल की स्थापना की थी, उस समय सरकार ने मेहरबान हो कर आपको बड़े सत्कार के साथ एक शॉल भेंट की थी। बाद में उसी तरह आपने अछूतों के लिए भी स्कूल की स्थापना करके उसके लिए कई ब्राह्मणों की सहायता ली थी। और उन सभी स्कूलों में बड़े जोर-शोर के साथ पढ़ाई-लिखाई शुरु हो गई थी। लेकिन बीच में ही वह अचानक

बंद हो गया। कुछ साल बीत जाने के बाद आपने यूरोपियन लोगों के घर में आना-जाना भी एक तरह से बंद जैसा ही कर दिया था। इसकी वजह क्या हो सकती है?

जोतीराव : ब्राह्मण जाति की लड़कियों के लिए स्कूल शुरु कर देने की वजह से सरकार को बड़ा आनंद हुआ और उसने मुझे एक शॉल भेंट की, यह बात बिलकुल सच है, लेकिन मुझे जब अछूतों के लड़के लड़कियों के लिए स्कूल शुरु करने की आवश्यकता महसूस हुई तब मैंने उस काम के लिए कई ब्राह्मणों को सदस्य बनाया और वे सभी स्कूल ब्राह्मणों के हाथों में सौंप दिए। जब मैंने अछूतों के लड़के-लड़कियों के लिए स्कूल शुरु किए, उस समय सभी यूरोपियन गृहस्थों में रेव्हेन्यू कमिशनर रीव्हज् साहब ने जो अर्थ-सहायता की, उसको मैं कभी भी भूल नहीं सकता। उन उदार गृहस्थों ने मुझे सिर्फ अर्थ की सहायता ही की है, ऐसी भी बात नहीं; बल्कि वे अपना महत्वपूर्ण धंधा सँभालतें हुए भी उन अछूतों के स्कूल में बार-बार आ कर इस बारे में बार-बार पूछताछ करते थे कि छात्रों ने पढ़ाई-लिखाई में कितनी तरक्की की है। उसी प्रकार छात्रों को पढ़नेकेलिए प्रेरित करने की वे बड़ी कोशिश करते थे। इसलिए उनके उपकार अछूतों के छात्रों के रग-रग में समाए हुए हैं। उनके इन उपकारों से मुक्त होने के लिए यदि वे अपने चमड़े की जूतियाँ बना कर भी उनके पाँव में पहनाएँ, तब भी वे उनके उपकारों से मुक्त नहीं हो सकते।

इसी प्रकार अन्य कुछ यूरोपियन गृहस्थों ने मुझे इस काम के लिए काफी सहायता की है, इसलिए मैं उनका

आभारी हूँ। उस समय उस काम में मुझे ब्राह्मण सदस्यों को लेने की जरूरत महसूस हुई। इसके अंदर की बात किसी समय मैं जरुर बताऊँगा। लेकिन बाद में जब मैंने उन स्कूलों में ब्राह्मणों के पूर्वजों के बनावटी धर्मशास्त्रों में लिखी गई धूर्ततापूर्ण बातों के संबंध में उन छात्रों को पढ़ाना-समझाना शुरु कर दिया, तब उन ब्राह्मणों और मेरे अंदर-ही-अंदर बोलचाल में रुखापन बढ़ता गया। उनके कहने का रुख इस तरह दिखाई दिया कि उन अछूतों के बच्चों को बिलकुल ही नहीं पढ़ना-लिखना-सिखाना चाहिए। लेकिन यदि उनको पढ़ना-लिखना-सिखाना जरूरी है तब उनको केवल अक्षरों का ज्ञान हो, बस! इतना ही पढ़ना-लिखना-सिखाना चाहिए, इससे ज्यादा बिलकुल नहीं। लेकिन मेरा कहना यह था कि उन अछूत बच्चों को अच्छे दर्जे तक पढ़ना-लिखना-सिखा कर उनमें क्षमता पैदा कर देनी चाहिए कि वे अपना हित अहित स्वयं जान सके। अब अछूतों को पढ़ना-लिखना नहीं सिखाना चाहिए, यह कहने में उनका स्वार्थ क्या हो सकता है? उनके मन की बात को निश्चित रुप से समझ लेना आसान नहीं है। लेकिन यह हो सकता है कि ये लोग पढ़-लिख कर बुद्धिमान बनेंगे, ऐसा उनको लगता होगा। और यह भी लगता होगा कि 'हमारी तरह ही इनको भी पढ़ने-लिखने का मौका मिला, सही ज्ञान प्राप्त हुआ, और उनको सच और झूठ में फरक समझ में आया तब वे लोग हमारा निषेध करेंगे। और सरकार के वफादार अनुयाई बन कर हमारे पूर्वजों ने उन पर और उनके पूर्वजों पर जो जुल्म किए, जो ज्यातियाँ की हैं, उस इतिहास के पन्ने पढ़ कर हमारा पूरी तरह से निषेध करेंगे।' यही

उनकी भावना हो सकती है। इस तरह जब उनके और मेरे विचारों में फर्क पड़ने लगा तब मैंने उन ब्राह्मण-पंडितों के नकली, स्वार्थी स्वरूप को पहचान लिया और उन दोनों संस्थाओं से एक ओर हट गया। इसी दरम्यान ब्राह्मण पांडे (मंगल पांडे, 1857 का विद्रोह) का विद्रोह शुरु हो गया। उसी समय से सभी यूरोपियन सभ्य लोग मेरे साथ पहले की तरह खुल कर बातचीत नहीं करते; बल्कि मुझे देखते ही उनके चेहरे पर मायूसी छाने लगती। तब से मैंने भी एक तरह से उनके घर पर आना-जाना एकदम बंद कर दिया।

धोंडीराव : तात, ब्राह्मण पांडे ही बदमस्ती की वजह से उन यूरोपियन लोगों ने हम जैसे निरपराधियों को नजरअंदाज किया हैं और वे लोग हमको देखते ही अपने चेहरे पर मायूसी लाने लगे हैं। यह उनकी उदारवादी दृष्टि और उनकी बुद्धिमानी को शोभा नहीं देता। उसी प्रकार हमें ब्राह्मणों की विधवा नारियों के गर्भपात आदि जघन्य अपराधी कृत्य नहीं करना चाहिए। उन ब्राह्मण विधवा गर्भधारिनी नारियों को गुप्त से पसूत होना चाहिए, इसके लिए हमने अपने घर में ही पूरी व्यवस्था की है और उस काम के लिए हमने अपनी सरकार से किसी भी प्रकार की सहायता नहीं माँगी। उस काम में नाममात्र के लिए भी ब्राह्मण सदस्यों से कुछ न लेते हुए यह कार्य हमने अपने स्वयं के खर्च से चलाया है।

जोतीराव : अपनी सरकार के बारे में कहा जा सकता है कि जिधर दम, उधर हम। क्योंकि अछूतों को छूने का अधिकार नहीं होने की वजह से स्वाभाविक रुप से ही

उनके सभी प्रकार के काम-धंधों करने के दरवाजे बंद हो गए हैं और उसी की वजह से उसके सामने पेट की आग को बुझाने के लिए चोरी-डकैती आदि अवैध कामों को करने की नौबत आती है। लेकिन उन्हें चोरी डकैती आदि अवैध काम नही करने चाहिए, इसलिए हमारी सरकार ने उनको नजदीक के पुलिस थाने में जा कर हाजिरी लगाने का दस्तूर शुरु किया है, यह अच्छा काम किया है। लेकिन ब्राह्मणों की अनाथ, निराधार विधवा स्त्रियों को दूसरा विवाह करने की मनाही होने की वजह से उन ब्राह्मण स्त्रियों को व्यभिचार करने के लिए मजबूर होना पड़ता है। इसका परिणाम कभी-कभी यह भी होता है कि गर्भपात और भ्रूणहत्या (बालहत्या) भी करने के लिए मजबूर होना पड़ता है। इन तमाम बातों को हमारी न्यायी सरकार अपने खुली आँखों से देखती रहती है। फिर भी मातंग-रामोशियों की तरह उन पर निगरानी नहीं रख रही है, यह कितना बड़ा आश्वर्य है! क्या यह अन्याय नहीं है? हमारी सरकार गर्भपात और भ्रूणहत्या करनेवाली विधवा स्त्रियों की अपेक्षा चोरी-डकैती करनेवाले मातंग-महार लोग ज्यादा दोषी दिखाई देते हैं। दूसरी बात यह कि ब्राह्मणों की 'काम कम और बकवास ज्यादा' रहती है। अरे, जो लोग समझदार हो कर अपनी छोटी नासामझ बहन की हजामत करनेवाले हज्जाम के हाथ को रोकने के लिए अपना हाथ आगे नही बढ़ा सकते, बुजदिल लोगों को ऐसे रोकने के लिए सदस्य बना करके क्या फल होगा?

धोंडीराव : तात, कोई बात नहीं। लेकिन आपने पहले कहा था कि सभी सरकारी शिक्षा विभागों में कुछ अव्यवस्था फैली हुई है, उसका क्या मतलब है?

जोतीराव : इन सरकारी शिक्षा आदि विभागों में जो हर तरह की अव्यवस्था है, उसके बारे में यदि लिखा जाए, तब उसकी एक स्वतंत्र किताब ही हो जाएगी। इसी डर की वजह से उसमें से एक-दो बातें उदाहरण स्वरुप यहाँ ले रहा हूँ। पहली बात यह है कि शूद्र और अछूतों के बच्चों के स्कूलों के लिए शिक्षक तैयार करने की कोई दिलचस्पी नहीं है, उनको इस काम में पूरी अनास्था है।

धोंडीराव : तात, ऐसा कैसे कहा जा सकता है? सरकार ने सभी जाति के बच्चों को पढ़ाने के लिए शिक्षक (पंडित) प्रशिक्षित करने के लिए एक स्वतंत्र प्रशिक्षण स्कूल शुरु किया है। सरकार के मन में कोई भेदभाव की भावना नहीं दिखाई देती।

जोतीराव : यदि तुम ऐसा कहते हो, तब यह बताओ कि आज तक उन प्रशिक्षित शिक्षकों ने (पंडित) अछूतों के कितने बच्चों को पढ़ना-लिखना-सिखाया है? अब तुम नीचे क्यों देख रहे हो? इसका मुझे जबाब दो।

धोंडीराव : तात, सभी ब्राह्मण पंडित लोग ऐसा कहते हैं कि अछूत के बच्चों को स्कूल में दाखिल करते ही,

हिंदुस्थान में बड़ी अव्यवस्था पैदा होगी। बड़ा असंतोष पैदा होगा। इसलिए सरकार घबराती है।

जोतीराव : अरे, सरकार अपनी फौज में सभी जाति के लोगों को भरती करती है। फिर हिंदुस्थान के लोग क्यों अव्यवस्था पैदा नहीं कर रहे हैं? यह सब सरकार फिर की लापरवाही है। क्योंकि सभी जाति के लोगों को फौज में भरती करते समय सरकार उस काम को स्वयं कर लेती है और शिक्षक (पंडित) प्रशिक्षित करने का काम उस फालतू किसी हरामी गोबरगणेश को सौंप देती है, और यदि उसको इस काम की कुछ भी जानकारी होती, तब उसने सबसे पहले अछूतों के बच्चों को शिक्षक के रूप में तैयार (प्रशिक्षित) करने का काम किसी भी प्रकार से आनाकानी न की होती। उसी प्रकार उन स्कूलों में केवल ब्राह्मणों के बच्चों की ही इतनी फालतू भरती न की होती।

धोंडीराव : तात, फिर सरकार को इसके लिए क्या करना चाहिए?

जोतीराव : इसका एक ही पर्याय है कि सरकार मेहरबान हो कर इस काम को सभी यूरोपियन कलेक्टरों के हाथ में सौंप दे। तब ही यह शिक्षा के प्रचार का कार्य सफल होगा, वरना नहीं। क्योंकि इन्हीं लोगों का शूद्र और अछूतों से निकट का संबंध होने की वजह से ब्राह्मण कर्मचारियों पर किसी भी प्रकार का भरोसा नहीं करना चाहिए। उन्हें हर गाँव-खेड़ों में एक-एक बार जा कर वहाँ यह समझाना चाहिए

कि कुलकर्णियों की बिना मदद से गाँव के सभी बुजुर्ग-बाल-बच्चों को पढ़ना-लिखना सिखाने से क्या-क्या लाभ होते हैं। उनके इस तरह से समझाने से गाँव-खेड़े के लोग अपने सभी होशियार बच्चों को पढ़ना-लिखना सिखाने के लिए बहुत ही खुशी से कलेक्टर साहब के हवाले कर देंगे। इस तरह यूरोपियन कलेक्टरों के कहने से शिक्षा से प्रचार प्रसार का काम जितना सफल होगा, उस तरह ऐसे नासमझ (ब्राह्मण पंडित) कर्मचारियों से न सफल हुआ और न होगा, यही हमारी धारणा है। इस संबंध में एक कहावत है कि 'जेनो काम तेनो थाय, बिजा करे तो गोता खाय'। इससे अब तुम्हीं सोचो कि शूद्र और अछूत जाति के पढ़े-लिखे लोगों की आज कितनी जरूरत है। क्योंकि जब उस जाति के लोग पढ़-लिख कर तैयार होंगे, तब उनको अपनी जाति का अभिमान होगा और वे लोग अपनी-अपनी जाति के बच्चों को पढ़ना-लिखना सिखाएँगे, उनको पढ़ने-लिखने के लिए प्रेरित करेंगे। वे लोग अपनी-अपनी जाति के बच्चों को हाथ में डंडा ले कर जानवरों को हाँकते हुए उनके पीछे-पीछे जाने से पहले, शिक्षा के प्रति उनके मन में इतना प्रेम पैदा करेंगे कि जब वे बच्चे बड़े हो जाएँगे तब वे अपने में से एक बच्चे को बारी-बारी खेत पर जानवरों को सँभालने के लिए रखेंगे और शेष सभी लड़कों को गाँव के मैदान पर गिल्ली-डंडा खेलने से रोकेंगे। उनको गाँव में ला कर, अध्यापक के पास बैठा कर पढ़ना-लिखना सीखने के लिए, कोई कसर बाकी नहीं रखेंगे। दुनिया में सबसे प्रगतिशील राष्ट्र अमेरिका के लोगों में आधे से ज्यादा लोगों ने अपने वर्ण के बंधुओं के विरोध में तीन साल तक लगातार

जंग करने के बाद अपने हाथ के गुलामों को छोड़ दिया था। तब ऐसे मुख्य ब्राह्मण स्कूलों में शूद्रादि अछूतों को सही ज्ञान पढ़ा कर उनको अपनी गुलामी से मुक्त होने की प्रेरणा कैसे दे सकेंगे? अरे, जिस एक ब्राह्मण प्रोफेसर की तनख्याह में छ: शूद्र या नौ अछूत प्रोफेसर कम तनख्वाह में प्राप्त होने की पूरी संभावना होने पर भी अपनी सरकार इस काम के लिए ब्राह्मणों के पीछे लगी हुई है और अपने अज्ञानी भाइयों की कमाई का रुपया–पैसा इस तरह बेहिसाबी खर्च कर रही है। इसलिए यदि हमने अपने सरकार को भरी नींद से जगाया नहीं, तब तो इस अनर्थ का दोष हमारे माथे पर लगेगा। इसी प्रकार चौधरियों की हवेलियों के रसोईघरों में अछूतों के कितने बच्चे काम करते हैं, इसके संबंध में जरा कुछ बताइए।

धोंडीराव : तात, जहाँ शूद्रों के बच्चों को ही कोई देखने सँभालनेवाला नहीं है, वहाँ अछूतों के बच्चों की बात ही दरकिनार।

जोतीराव : आखिर ऐसा क्यों? तुम ही कहते हो न कि, सरकार भेदभाव नहीं करती, फिर यह जो कुछ हो रहा है, इसकी वजह क्या है?

धोंडीराव : इसका कारण वहाँ सभी ब्राह्मण कर्मचारियों का होना ही प्रतीत होता है। आपने एक बात मुझे एक दिन प्रत्यक्ष रूप से बताई थी। वह बात यह थी कि जो ब्राह्मण व्यक्ति पहले आपके पास नौकरी के लिए था, वह अछूतों के स्कूल में आ कर किसी भी प्रकार का छुआछूत नहीं

मानता था और स्कूल के सभी छात्रों को अच्छी तरह पढ़ना-लिखना सिखाता था। लेकिन वही ब्राह्मण जब रसोइया बना, तब वह इतना छुआछूत मानता था कि उसने एक गरीब सुनार को चौराहे पर खींच ले आया था; क्योंकि उस सुनार ने गरमी के दिनों मे उस टंकी से पानी निकाल कर पिया था और अपनी प्यास बुझाई थी।

जोतीराव : अरे, इन महामूर्ख ब्राह्मणों द्वारा रचे गए गीतों को आज भी सभी नए समाजों मे गाया जाता है, और उन्होंने अब तक अपने मतलबी धर्म के अनुसार पत्थरों के भगवान को पूजना छोड़ा नहीं है। वही ब्राह्मण अपने घर की टंकी को शूद्रों को नहीं छुना चाहिए इसलिए उसे ढाँक कर काशी जा कर वहीं स्थायी होने की बात कर रहा है। लेकिन हमारे निष्पक्ष म्युनिसिपालिटी में ब्राह्मण सदस्यों की संख्या सबसे ज्यादा होने की वजह से उन्होंने उस टंकी के इर्द-गिर्द के घेरे को वैसे ही कायम रखा है। लेकिन उन्होंने बिना सोच-विचार किए ही शुक्रवारी के दर्जी की टंकी के घेरे को एकदम गिरा दिया। वहाँ के कई ब्राह्मणों ने सिर्फ अपने उपयोग के लिए उस टंकी के ऊपरी भाग में और उससे लगा कर एक छोटी-सी चोर टंकी बाँध दी है और उसका पानी अपने स्नान के लिए, अपने पापों को धोने के लिए मनमानी खर्च करते हैं। ब्राह्मण जाति में जन्म ले कर इस तरह की पाखंडी हरकतें न करें, तब उस जाति की कीमत ही क्या है?

परिच्छेद : सोलह

[ब्रह्माराक्षसों के उत्पीड़न की क्षय]

धोंडीराव : तात, आपके साथ जो संवाद हुआ, उससे यह सिद्ध होता है कि सभी ब्राह्मणों ने अपने नकली धर्म के नाम पर हमारी भोली-भाली सरकार की आँखों में धूल झोंकी है और हम सभी शूद्रादि-अछूतों का अमेरिका के (काले) गुलामों से ज्यादा शोषण किया। वे आज भी कर रहे हैं। इसलिए हम सभी लोगों को मिल कर इन ब्राह्मणों के बनावटी धर्म का निषेध करना चाहिए और अपने अनपढ़ भाइयों को भी इस संबंध में जागृत करना चाहिए। आप इस बारे में क्यों नहीं सोच रहे हैं? ओर इन लोगों में जागृति लाने का कार्य क्यों नहीं कर रहे हैं?

जोतीराव : मैंने कल ही शाम को इसके लिए एक पर्चा तैयार किया है। मैंने उसे अपने एक साथी को सौंप कर उससे यह कहा है कि उस पर्चे में ह्रस्व-दीर्घ की जो भी गलतियाँ हों, उनको ठीक कर के, उसकी एक-एक प्रति तैयार कर के सभी ब्राह्मण और ईसाई अखबारवालों के अभिप्राय के लिए भेज दीजिए। उस पर्चे का स्वरुप इस प्रकार है;

शूद्रों को ब्रह्मराक्षसों की गुलामी से

इस प्रकार मुक्त होना चाहिए

मूल ब्राह्मणों के (इराणी) पूर्वजों ने इस देश के मूल निवासियों पर हमला किया। उन्होंने यहाँ के हमारे मूल क्षेत्रवासी पूर्वजों को युद्ध में पराजित किया और उनको अपना गुलाम बना लिया। बाद में उनको जिस तरह का मौका प्राप्त होता रहा, उस तरह उन्होंने अपनी सत्ता की मस्ती में कई तरह के मतलबी-नकली धर्म ग्रंथ लिखवाए और उन सबकी एक मजबूत किला बना कर उसमें उन सभी पराजितों को वंश-परंपरा से बंदी बना कर के रखा दिया। वहाँ उन्होंने उनको कई तरह की यातनाएँ दे कर आज तक वे ब्राह्मण-पंडा-पुरोहितों बड़ी मौज-मस्ती में अपना जीवन गुजार रहे हैं। इसी दरम्यान जब अंग्रेज बहादुरों का राज इस देश में कायम हुआ तब से अधिकांश दयालु यूरोपियन और अमेरिकी भले लोगों को हमारा उत्पीड़न अपनी आँखों से देखा नहीं गया। तब उन्होंने हमारे इस जेलखाने में बार-बार आ कर हम लोगों को इस प्रकार का उपदेश दिया कि 'ऐ मेरे भाइयो, आप सभी लोग हमारी तरह ही इंसान है। आपका और हमारा जन्मदाता और पालनकर्ता एक ही है। इसलिए आप सभी लोग हमारी तरह ही तमाम मानवी हकों के हकदार होने के बावजूद, आप लोग इन ब्राह्मणों के नकली वर्चस्व को क्यों मान रहे हैं?' आदि इस तरह की कई महत्वपूर्ण सूचनाओं का अध्ययन करने पर मुझे मेरे स्वाभाविक और सही मानवी अधिकार समझ में आते ही मैंने उस जेलखाने के नकली मुख्य ब्रह्म दरवाजे के किवाड़ों को लात मारा और उस जेकखाने से बाहर निकल आया। इस ब्राह्मण कैदखान से निकलने के बाद मैंने अपने निर्माता के प्रति आभार व्यक्त किया।

अब मैं उन परोपकारी यूरोपियन उपदेशकों के आँगन में अपना डेरा डाल कर कुछ आराम करने से पहले यह प्रतिज्ञा करता हूँ कि :

ब्राह्मणों के जिन प्रमुख धर्मग्रंथों के आधार पर हम (शूद्रादि-अतिशूद्र) लोग ब्राह्मणों के गुलाम है और उनके अन्य कई ग्रंथों-शास्त्रों में हमारी गुलामी का समर्थन में लेख लिखे हुए मिलते हैं, उन सभी ग्रंथों का, धर्मशास्त्रों का और उसका जिन-जिन धर्मशास्त्रों के संबंध में होगा, उन सभी धर्मग्रंथों का हम निषेध करते हैं। उसी तरह जिन धर्मग्रंथों के आधार पर (फिर वह किसी भी देश का या धर्म के विचारवान व्यक्ति द्वारा तैयार किया हुआ क्यों न हो) सभी लोगों को समान रूप से सभी वस्तुओं का, सभी मानवी अधिकारों का समान रूप से उपभोग लेने की इजाजत हो, उस तरह के ग्रंथकर्ता को मैं अपने निर्माता के संबंध में छोटा भाई समझ कर उस तरह अपना आचरण रखुँगा।

दूसरी बात यह है कि लोग अपनी एकतरफी सोच के अहंकार में जबर्दस्ती किसी को भी नीच समझने लायक आचरण करने लगते हैं, उन लोगों को उस तरह का आचरण करने का मौका दे कर मैं अपने निर्माता द्वारा निर्मित पवित्र अधिकारों के नियमों को धब्बा नहीं लगाऊँगा।

तीसरी बात यह है कि जो गुलाम (शूद्र, दास, दस्यु) केवल अपने निर्माता को मान कर नीति के अनुसार साफ-सुथरा उद्योग कर ने का निश्चय कर के उसके अनुसार

आचरण कर रहे हैं, इस बात का मुझे पूरा यकीन होने पर, मैं उनको केवल परिवार के भाई की तरह मान कर उनके साथ प्यार से खाना-पीना करूँगा, फिर वह आदमी, वे लोग किसी भी देश के रहनेवाले क्यों न हों।

आगे किसी समय अज्ञान के अंधकार में सताए हुए मेरे शूद्र भाइयों में से किसी को भी ब्राह्मणों की गुलामी (दासता) से मुक्त होने की इच्छा होने पर, एक बार भी क्यों न हो, कृपया अपना नाम-पता पत्र के द्वारा लिख कर मुझे भेज दें। मुझे इस काम में बड़ी ताकत मिलेगी और मैं उनका बहुत ही शुक्रगुजार रहूँगा।

- जोतीराव गोविंदराव फुले

तारीख[32]: 5 दिसंबर, 1872

पून, जूनागंज नं0 527

जनकल्याण की कामना से

हमारे अपने प्रसिद्ध महाज्ञानी, महाचिंतक और महान संशोधक, दार्शनिक जोतीराव गोविंदराव फुले ने एक बड़े गृहस्थ की सिफारिश पर एक अप्रयोजक, आत्मस्तुतियुक्त और ब्राह्मणों की बदनामी करनेवाला एक पत्र हमारी ओर भेजा है। उनके उस पत्र को हमारे अखबार में स्थान मिलने की कोई संभावना नहीं है। इसलिए हम प्रस्तुत पत्र के लेखक फुले से क्षमा चाहते हैं।

कोल्हापुर, ता0 1 फरवरी, 1873

शुभ वर्तमान दर्शक और चर्च के संबंध में विभिन्न संग्रह

पूना के अखबारवाले उक्त परिच्छेद को अपने अखबार में प्रकाशित नहीं कर रहे हैं, इसलिए इस पत्र को हमारी ओर भेजा गया है। यह परिच्छेद चारों ओर प्रसिद्ध करना चाहिए, इस तरह की जोतीराव गोविंदराव फुले की इच्छा होनी की वजह से उनके इस परिच्छेद को हम अपने अंक में प्रकाशित कर रहे हैं। हमारे हिंदू मित्रों को यह परिच्छेद कुछ मात्रा में बदनामी करनेवाला लगेगा, फिर भी इसमें जो अभिप्राय व्यक्त हुआ है, वह बहुत ही प्रशंसनीय है, ऐसा मुझे लगता है। क्योंकि वास्वव में देखा जाए तो ब्राह्मणों की मान्यता के अनुसार जाति–भेद नहीं है, इस बात को 'जो भी व्यक्ति हमारे ध्यान में ला कर देगा, उस व्यक्ति से मैं तुरंत पत्र के द्वारा संपर्क स्थापित करूँगा,' 'इस बात को उन्होंने बड़ी हिम्मत के साथ कही है और इस तरह की हिम्मत रखनेवाले लोग इस देश में बहुत बड़ी संख्या में होने चाहिए।'

धोंडीराव : तात, आपने ऊपर जो सुचनापत्र दिया है, उसकी सभी धाराएँ बहुत ही पसंद आई हैं और मैं उसी के अनुसार अपना आचरण रखुँगा। मैं आज हजारों साल के ब्राह्मणों के बनावटी और दर्दनाक धर्म के जेलखाने से पूरी तरह मुक्त हुआ हूँ। इसीलिए आज मुझे बहुत खुशी होरही है।

मैं सचमुच में आपका कृतज्ञ हूँ। संक्षेप में आपके हर तरह के विश्लेषण को सुनने के बाद हिंदु धर्म (ब्राह्मण धर्म) के पाखंडी, बनावटी स्वरुप के बारे में मेरा यह स्पष्ट मत बन चुका है। लेकिन हम लोग जिस एक परमेश्वर को, जो सबको देखनेवाला और सर्वज्ञ होने पर भी, हम शूद्रादि-अतिशूद्रों की यातनाएँ, हमारा शोषण-उत्पीड़न उसको आज तक क्या सचमुच में नहीं दिखाई दिया होगा?

जोतीराव : इसके संबंध में बाद में किसी ऐसे ही मौके पर तुमको सारा खुलासा करके बता दूँगा, जिससे तुमको पूरा विश्वास हो जाएगा और मन का समाधान भी।

[1] A most remarkable and striking corroboration of these views is to be found in the religious rites observed on some of the grand festivals which have a reference to Bali Raja, the great king who appears to have reigned once in the hearts and affection of the Shoodras and whom the Brahmin rulers displaced. On the day of *Dushhara*, the wife and sisters of a Shoodra, when he returns from his worship of the *Shumi Tree* and after the distribution of its leaves, which

are regarded on that day as equivalent to gold, amongst his friends, relations and acquaintances, he is greeted at home with a welcome " अला बला जावे और बली का राज आवे" "Let all troubles and misery go, and the kingdom of Bali come." Whereas the wife and sisters of a Brahmins place on that day in the foreground of the house an image of Bali, made generally of wheaten or other flour, and when the Brahmin returns from his worship of *the Shumi Tree* he takes the stalk of it, pokes with it the belly of the image and then passes into the house. This contrariety, in the religious customs and usages obtaining amongst the Shoodras and the Brahmins and of which many more examples might be adduced, can be explained on no other supposition but that which I have tried to confirm and elucidate in these pages

[2] . समर्थ रामदास – मराठी संत कवि। ब्राह्मण जाति में पैदा हुए और बे ब्राह्मणवाद के कट्टर समर्थक थे।

[3] अनार्य, वह मानव-समाज, जो ब्राह्मणों के चातुर्वर्ण्य समाज से बाहर का है।

[4] हिंदुओं में (ब्राह्मणों में) पितरों के सम्मान और उनकी तृप्ति के लिए शास्त्र के अनुसार या धार्मिक रस्म-रिवाजों के अनुसार किया जानेवाला धार्मिक अनुष्ठान, जैसे-तर्पण, पिंडदान, ब्राह्मणों को भोजन कराना। यह श्राद्ध सांस्कृतिक परंपरा नही, बल्कि हिंदुओं की धार्मिक विधि है। इसका प्रारंभ ब्राह्मण-पुरोहितों ने अपने स्वार्थ के लिए किया था।

[5] मांगलिक – मराठी में इसके लिए, 'सोंवळे ओवळे' शब्द का प्रयोग किया जाता है।

[6] बुटेलर - अंग्रेजों के घर में खाना पकानेवाला - खानसामा।

[7] लिंगायत - एक शैव संप्रदाय, जिसका प्रसार दक्षिण भारत में हुआ है।

[8] विप्रिय - अप्रिय, धोखेबाज, छली-कपटी, दुष्ट।

[9] मावला - मराठी में मावळा। महाराष्ट्र के अंतर्गत पूना के इर्द-गिर्द का प्रदेश।

[10] जेजोरी का खंडोबा – महाराष्ट्र का एक प्रसिद्ध देवस्थान है। यह स्थान पूना की आग्नेय दिशा में करीबन तीस मील की दूरी पर है। जेजोरी की पहाड़ी पर कई पठार और गढ़कोट हैं। इन दो जगहों पर खंडोबा के मंदिर हैं।

इनमें कई शिलालेख है। यहाँ सबसे पुराना शिलालेख ई0 सं0 1246 का है। जेजोरी में चंपाषष्ठी, सोमवती अमावस्या, चैत्री, श्रावणी, पौपी और माघी पूर्णिमा को विशेष उत्सव होते है। चंपापंष्ठी यहाँ का सबसे बड़ा उत्सव है।

[11] मल्हारी – शिव का एक अवतार माना जाता है। एक देवता।

[12] मार्तंड – इस देवता को 'मल्हारी मार्तंड' नाम से भी जानते पुकारते है। महाराष्ट्र की लोककलाओं में यह नाम बहुत ही प्रचलित है।

[13] हर-हर - इस शब्द का अपभ्रंश 'हुर्रं-हुर्रं' है, यह निकलता है, क्योंकि अँग्रेज लोगों में एक पुराना रिवाज है कि वे 'हुर्रं-हुर्रं' करके चिल्लाए बगैर दुश्मन पर टूट पड़ने की आज्ञा ही नहीं देते। यह बात उनके इतिहास में कही गई है। "Hurrah Boys! Loose the saddle or win the horse!"

[14] . बली – (बरि, बेदगु) बली कन्नड़ शब्द है। इसका तामिल अनुवाद 'बरि' तथा तेलुगु 'बेरगु' है। इसका अर्थ है बाहरी जाति। बलि का उल्लेख अनेकों बार ऋग्वेद में एक देवता तथा एक राजा के रूप में हुआ है। बलि एक प्रसिद्ध दानव राजा था। उसने तीनों लोकों को जीत लिया था। देवता (ब्राह्मण) उसने त्रस्त थे। पुराणों में कहा गया है कि बली राजा दान देने के लिए प्रसिद्ध था। विष्णु दया करके कश्यप और आदि से वामन रूप में उत्पन्न हुए और ब्राह्मण का रूप

धारण कर बली राजा के पास गए। वामन ने छल-कपट से बली राजा से तीन पग भूमि माँगी।

[15] गायत्री मंत्र – 'गायत्री' ऋग्वेद में एक छंद का नाम है। गायत्री का अर्थ है 'गायंत त्रायते इति' अर्थात 'गानेवाले की रक्षा करनेवाली'। सभी द्विजों के लिए प्रात: और संध्याकाल की प्रार्थना में इस मंत्र का पाठ करना अनिवार्य माना गया है।

[16] कुनबी - हिंदुओं की एक शूद्र जाति जो प्राय: खेती करती है।

[17] भराडी के पूँगी और वाध्या के भंडारी को काला धागा है, उसे देखिए। जाणाई देवी को सटवाई, मायराणी, कालकाई की तरह शूद्र देवी कहते हैं।

[18] आसरा - जलदेवी। ये सात हैं।

[19] बाणासुर की कन्या उषा कृष्ण के प्रद्युम्न नाम के पुत्र को दी गई थी। परभू या प्रभु गैर ब्राह्मणों की एक जाति - जिसको महाराष्ट्र में सी. के. पी. कहते हैं। यही उत्तर-पूर्व भारत की कायस्थ जाति है। ब्राह्मण लोग इस जाति के लोगों से भी शूद्र जैसा ही व्यवहार करते थे।

[20] पँवाड़ा - गीरगाथा।

[21] म्हसोबा – अर्थात म्हषासुर, महिषासुर। देवी द्वारा मारा गया एक दैत्य। महिष एक असुर का नाम, जो तमोगुण का प्रतीक है और दुर्गा अपनी शक्ति से इसी का छेदन करती है।

[22] कई यूरोपियन ग्रंथकारों की भी यहीं मान्यता है।

[23] उमा जी रामोशी - महाराष्ट्र नाईक नाम का एक आदमी था। वह बड़ा लड़वैया था। उसने अंग्रेजों से भी मुकाबला किया था। लेकिन उमा जी नाईक रामोशी शूद्र जाति में पैदा हुआ था, इसलिए उसको कोई शहीद नहीं मानता। लेकिन जो ब्राह्मण सही में डाकू थे और अँग्रेजों से लड़े, उन्हें शहीद माना गया।

[24] देशस्थ - महाराष्ट्र के ब्राह्मणों में देशस्थ ब्राह्मण नाम की एक उपजाति है।

[25] पार्वती - पूना का पार्वती देवस्थान, एक संस्थान। इसकी पूजा द्वारा प्राप्त आय केवल ब्राह्मणों पर खर्च होती थी। यहाँ हमेशा ब्राह्मणों को दान दिया जाता था। यहाँ हमेशा ब्राह्मण भोज-चलता था।

[26] कुलकर्णी - कुलकर्णी, कर्णिक, पटवारी, तलाटि आदि शब्द समानार्थक हैं। गाँव के चौधरी या प्रधान का कारकुन। गाँव की जमीन और उसके लगान का हिसाब रखनेवाला एक छोटा सरकारी कर्मचारी। कुल का मतलब

जमीन (खेत) का हिस्सा और कारण का मतलब है मेहनताना। उस समय ऊँची जाति के ही लोग कुलकर्णी, पटवारी आदि होते थे। आज ब्राह्मणों तथा कायस्थों में कुलकर्णी, कर्णिक सरनेम (कुलनाम) हैं।

[27] Chapter IV, The Sepoy Revolt by Henry mead.

[28] महाराष्ट्र में मराठा शासनकाल में और खास तौर पर पेशवाई के काल में खोती-पद्धति का उदय हुआ है। इसमें खोत ब्राह्मण होता था जो एक गाँव या इस तरह कई गाँवों की भूमि का स्वामी होता था। इस खोत का काम यही था कि शूद्रों को जमीन जोतने-बोने के लिए देना और फसल के समय किसानों से तीन चौथाई अनाज जबरन ले लेना। शूद्र किसानों पर इसका अपना वर्चस्व चलता था। इतना ही नहीं, बल्कि यह भी कहा जाता है कि शूद्र किसानों की बहुओं को शादी के बाद की पहली रात इसी खोत के बंगले पर गुजारनी पड़ती थी। इसलिए इस अमानवीय खोती-प्रथा के विरुद्ध म. जोतीराव फुले से ले कर शाहू महाराज तक सभी ने आवाज बुलंद की थी और डॉ. बाबासाहेब अंबेडकर ने बंबई असेंबली में इस खोती-प्रथा के विरुद्ध कानून बनवाया था।

[29] टॉम्स पेन एक बहुत बड़ा क्रांतिकारी विचारक। उनके 'मनुष्य के हक (राइट ऑफ मॅन) नाम के ग्रंथ से म. जोतीराव फुले बहुत ही प्रभावित थे।

[30] गरदन हिलानेवाले नंदी बैलों की तरह।

[31] पूना शहर की एक बस्ती का नाम।

[32] प्रस्तुत पत्र के संबंध में अखबारवालों के जो-जो अभिप्राय प्राप्त हुए हैं उनकी योग्यता जानने के लिए उनको हम अपने पाठकों के लिए यहाँ दे रहे हैं: पूना, शनिवार, ता0 4 जनवरी, 1873

****

* 9 7 8 1 9 7 6 3 4 0 2 8 4 *